博報堂のすごい雑談

博報堂ブランドコンサルティング局
岡田庄生

はじめに

最高のアウトプットが生まれる博報堂の雑談術

「全然関係ないんだけど……」
「ふと、思いついたんだけど……」

これらは、博報堂の打ち合わせで頻繁に登場するセリフです。

実際、私たちの打ち合わせの半分は、雑談に費やされます。

打ち合わせ以外でも、私たちにとって職場で雑談をしている社員の光景は日常です。

雑談をしている社員を見て、「仕事をサボっている」と捉えられることはほとんどありません。

働き方改革が叫ばれ、多くの会社で業務の効率化が進められている今、なぜ、博報堂では雑談を大切にし続けているのでしょうか？

一般的に、雑談とはとりとめのない会話のことを指し、良好な人間関係を築くことができるコミュニケーションの潤滑油だと考えられています。

ビジネスの場合、良好な人間関係を築くことで業務を円滑に進める効果を期待して雑談をする人が多いようです。

しかし、私たちが雑談を大切にしているのは、社内外の人たちと仲良くなることが一番の目的ではありません。

私たちにとって、**雑談は働き方のスタイルではなく、アウトプットの質を高め**

るために欠かせない武器なのです。

「三人寄れば文殊の知恵」ということわざがあるように、博報堂には、「素晴らしいアイデアは会話に宿る」という仕事哲学があります。

つまり、私たちは**雑談からアイデアを生み出したり、雑談を活用して問題解決やアイデアのブラッシュアップをしたりしている**のです。

私なりに博報堂の雑談を表現するなら、「最高のアウトプットを生み出すための会話術」といえるかもしれません。

これまで、博報堂の雑談術は社員一人ひとりが先輩たちの姿を見て学んでいくことで脈々と受け継がれてきました。

本書で、その博報堂流「アウトプットの質を高めるための雑談の使い方」をみなさんにご紹介したいと思います。

岡田庄生

『博報堂のすごい雑談』もくじ

第4章 会話からアイデアが次々と生まれる！ 博報堂の「話し方」「聞き方」のコツ

第５章　短時間でアイデアを量産できる「ひとりブレスト法」

※本書の内容は、２０１７年刊行『博報堂のすごい打ち合わせ』（小社刊）の内容に大幅な加筆修正を行ったものです。

第1章

なぜ、博報堂は雑談にこだわるのか？

博報堂の打ち合わせは雑談でできている

明確な決まりがあるわけではありませんが、博報堂では、30分〜1時間の打ち合わせで5〜10分、1時間以上の長い打ち合わせになると、15〜20分も雑談することが頻繁にあります。

気づいたら1時間も雑談をしていた、ということは日常茶飯事です。

また、打ち合わせ以外でも、職場にはつねに雑談が飛び交っています。

他の企業から転職してきた社員の多くが、博報堂の打ち合わせに初めて参加すると、「なんで、みんな雑談ばかりしているの?」と、戸惑います。

また、「勤務中にこんなに雑談をしていても大丈夫なのだろうか……」と、不安になったという新入社員の声を耳にすることもあります。

博報堂のミーティングルームで打ち合わせをした外部の人には、「打ち合わせ中に、他の会議室からこんなに笑い声が聞こえてくる会社は初めてだ……」と、よく驚かれます。

博報堂の打ち合わせは、50％が雑談でできている。

博報堂の打ち合わせの特徴を端的に示す、ある調査があります。

２００９年、東京大学大学院・教育学研究科の岡田猛教授の研究グループが「博報堂のアイデアを生成する力の研究」をテーマに、博報堂の打ち合わせを10回にわたってカメラに記録したうえで、分析をしてくださったことがありました。

そして、数週間後にでき上がった報告書『博報堂の脱線しまくる「雑談力」と部署を越えた「越境力」が強いアイデアを生む』には、次のような内容が記されていたのです。

私たち社員にとって、博報堂の打ち合わせが雑談だらけであることは周知の事実です。

しかし、研究を指揮した東京大学大学院の岡田教授は、この調査結果に驚きを隠せなかったようです。

たしかに、生産性を高めるべく効率化が求められる現代において、打ち合わせの時間の半分を雑談に費やすなんてにわかには信じがたいことでしょう。

なぜ、私たちは打ち合わせの半分も雑談に費やしているのか?

「場を温めるため」
「アイスブレイク（小休止）のため」
「相手との心理的距離を縮めて仲良くなるため」

このような目的で雑談をしている人が多いと思います。

しかし、私たちが雑談を大切にしている理由は、他にあります。

それは、最高のアウトプットを生み出すためです。

「雑談を使ってアウトプットの質を高める」をもう少し具体的に説明すると、**雑談を使って議論やアイデアを拡散する**ということになります。

雑談は「相手と仲良くなる」ためではない

博報堂に入社する新入社員や中途入社の社員の多くが、雑談は「アイスブレイク」や「コミュニケーションの潤滑油」だと思っています。

そのため、初めて博報堂の打ち合わせに参加すると、雑談ばかりの打ち合わせに驚いてしまいます。

博報堂の打ち合わせに戸惑ってしまった代表的なエピソードとして、マーケティング部門に所属する、ある社員の新人時代の話をご紹介しましょう。

「先輩と調査会社の担当者の打ち合わせに同席したときのことです。

商品の調査設計（調査を実施するためのデザインのこと）をするために集まったのに、グダグダと雑談ばかりしていて、まったく話が進まない。こんなことでは、いつまでたっても調査票ができ上がりません。

焦りが募ってイライラしてしまった私は、つい、その場で先輩に声を荒らげてしまったんです。『いつまでもそんなくだらないことばかり言ってないで、早く調査設計しましょうよ！』って。

すると、先輩から『じゃあ、どうやって調査をしたら、どんな結果が出るのか、ホワイトボードに書いてみて』と言われて、言葉に詰まってしまいました。『それは、やってみないとわかりません……』としか返事ができなかったんです。

そして、先輩に『だから、今調査で明らかにすべきことは何か、そのアイデアを話し合っているんだよ』と言われ、先輩がやっていたのは、ただの暇つぶしの雑談ではなく、アイデアの拡散をしていたことがわかったのです」

このエピソードからわかる通り、私たちの打ち合わせで行われている雑談は、「本題とまったく関係がない会話」という意味での雑談ではありません。

前にお話しした東京大学大学院の調査チームや、博報堂の新入社員のように、あくまで、博報堂の打ち合わせにおける「会話のしくみ」を知らない人が見たときに、議論をより拡散させるための会話が「たんなる雑談」に見えてしまうというわけなのです。

課題解決やアイデア出しを目的とした打ち合わせは、左ページの図の通り、「共有」「拡散」「収束」「統一」という4つのプロセスで構成されています。

2つ目の「拡散」のプロセスで、私たちは拡散を加速させるために雑談を使っているのです。

4つのプロセスの中で、私たちは「拡散」をもっとも重視しています。

拡散とは、課題に関するアイデアとして、あらゆる可能性を洗い出す作業のことです。

4つのプロセスを経て新しい発想を生み出す

プロセス①
共 有

目的やゴール、進め方など、
打ち合わせの前提となる情報を参加メンバー内で共有する

▼

プロセス②
拡 散

参加メンバーが事前に準備した案を基に、議論を行う。
あらゆる可能性を検証し、アイデアをすべて出し尽くす。

▼

プロセス③
収 束

散らばっているアイデアを紐解きながら、課題に沿って取捨選択し、
いくつかの方向性（関連性があるまとまり）に整理していく

▼

プロセス④
統 一

整理し、方向付けしたアイデアの中から結論を出して、
メンバーの意思統一を図る

アイデア出しの打ち合わせで、もっとも重要なのはアイデアをできるだけ拡散することです。

もちろん、「良いアイデアを出すこと」は大切ですし、それがゴールでもあります。

しかし、**「良いアイデア」は、議論の拡散の後に、結果的についてくるものであるというのが博報堂の考え**なのです。

私たちは、最終的に導き出される結論のクオリティと、「拡散の度合い」は比例する関係にあると考えています。

つまり、議論が拡散すればするほど、結論のクオリティも高まっていくということなのです。

雑談で「予定調和」を打破する

新しい発想を生み出すためには、常識にとらわれない、自由な思考が欠かせません。

議論が存分に拡散しないいまま、次の「収束」のプロセスに入ってしまうと、常識の範囲内におさまった結論になる可能性が高くなります。

「拡散がない議論」とは、「予定調和の議論」と言い換えることもできます。

予定調和の議論からは、「想定内の結論」しか導き出すことができないのです。

議論というのは、放っておくと予定調和になりがちです。

参加メンバーが、場の収拾がつかなくなることを恐れ、意識的、無意識的に議論の拡散を避けようとしてしまうからです。

同様に、「打ち合わせを効率的に、できるだけ短時間で終わらせよう」と意識しすぎることも、拡散の妨げになります。

そのため、博報堂では「最高の結論を導き出すためには拡散が必須である」という意識を参加メンバー全員がしっかりと共有し、予定調和にならないよう心がけているのです。

雑談を博報堂の武器にせよ！

そもそも、雑談を重視する博報堂の文化はどのようにして生まれたのか？
その答えは、博報堂の歴史の中にあります。

「会議に、無駄口を。打合せに、悪口を。」

この一文は、２０１２年10月から２０１４年３月まで掲載された博報堂の企業広告のコピーです。

博報堂の始まりは、１８９５年、創業者の瀬木博尚によって設立された教育雑誌の広告取次店「博報堂」にさかのぼります。

当時、新聞や雑誌はニューメディアであり、広告はニュービジネスでした。

創業者は、「これからの日本のために、出版を通じて青少年の教育に貢献する」という志を抱き、出版広告を主たる事業として博報堂を成長させました。


ところが、創業から半世紀、博報堂は岐路に立たされます。

1950年代になると、ラジオやテレビの民間放送が始まり、広告業界は激変の時代を迎えます。

かつては出版広告の博報堂として覇を唱えていましたが、戦後の民間放送、テレビ放送の台頭期に新しいメディアへの取り組みが遅れてしまったのです。

「単に広告スペースを売る業種ではなく、アイデアを売って産業を発展させる業種に生まれ変わる」

このような志のもと、博報堂は先んじてアメリカからマーケティング・コミュニケーションの理論を積極的に取り入れ、広告業の近代化を推し進めました。

会議に、無駄口を。
打合せに、悪口を。

悪口をいう人は、嫌われます。
大事な話をしている場で、
無駄口をいう人は、怒られます。
それが、ビジネスの場だったらなおさらです。

でも本当はビジネスにこそ、
悪口と無駄口が必要なのかもしれません。

「むかつく」「邪魔」「面倒」「不便」
悪口には、課題を明確にする力があります。
良い悪口は、良いアイデアの入口になる。

「関係ないけど」「そういえば」「おもしろいことあって」
無駄口には、今までにない視点で議論をさせる力があります。
良い無駄口は、新しい解決を生むヒントになる。

なにより、悪口、無駄口のある会議は
誰も退屈そうな顔をしていません。
つまらなそうな顔をしている人から、
おもしろいアイデアは生まれませんから。

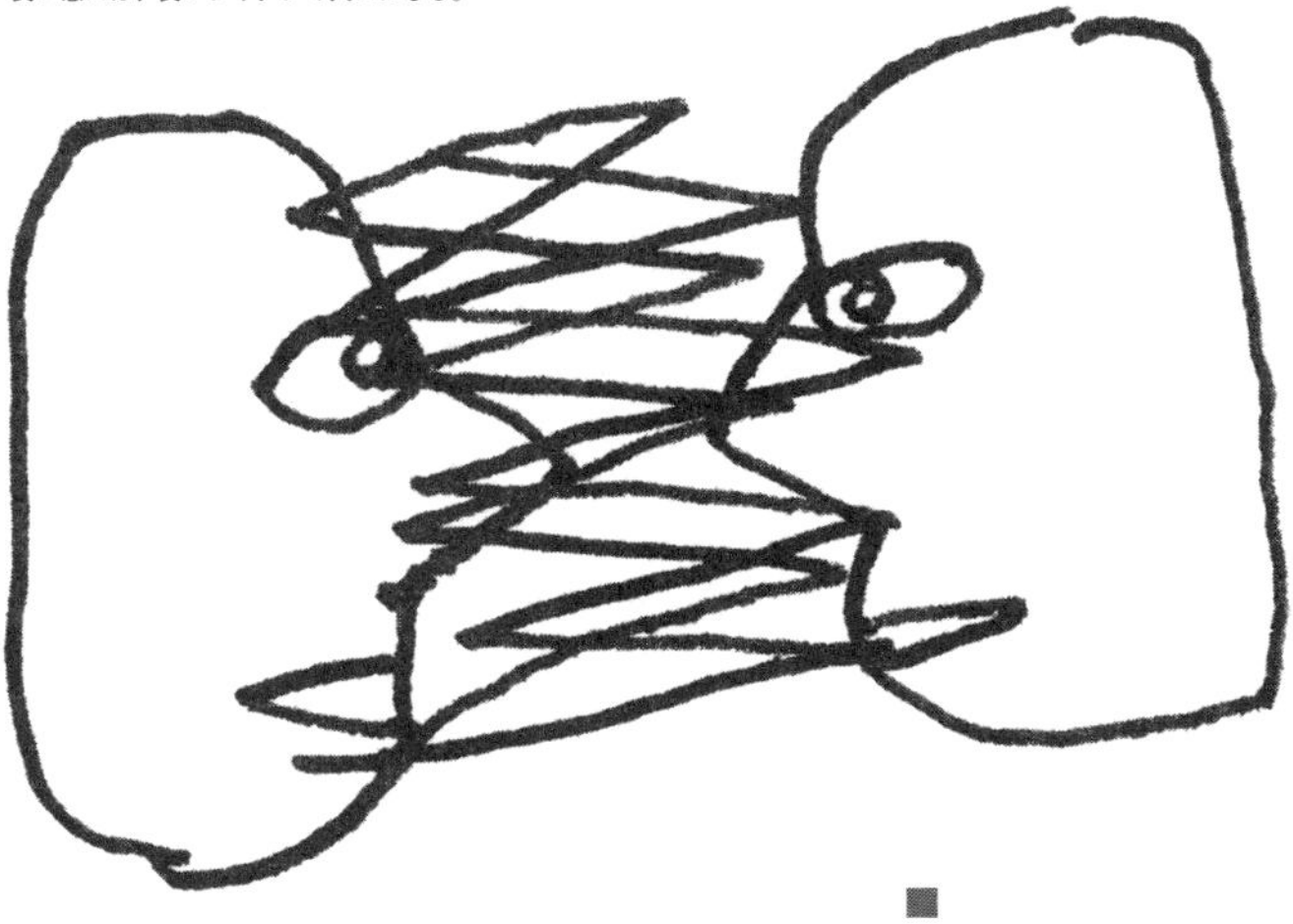

明日を拓く、生活者発想。　HAKUHODO

博報堂の仕事の仕方、発想法をテーマにしたシリーズ広告、「明日を拓く 生活者発想」篇のひとつ（2012年10月から2014年3月まで掲載）。「生活者発想」とは、博報堂が掲げるフィロソフィー（企業の哲学）です。

そして、「メディア」を売るだけの旧来のやり方ではなく、「マーケティング」や「クリエイティブ」をクライアントに提供する会社に生まれ変わることを目指したのです。

従来の枠組みにとらわれないアイデアやコンテンツを軸にして、生活者の心を動かしていこう。生活者のことをいちばん理解する会社となり、生活者の視点から発想することで新しい価値を創造していこう、という結論にたどり着いたのです。

新しい価値を創造するためには、「固定観念に縛られない、新しい発想」が何よりも重要になります。

クライアントが思いもしなかったような、想定外のアイデアを提案する。それが、博報堂に課せられている命題です。

新しい価値を創造するために、社員一人ひとりが考えに考え抜いて、アイデアを出すという努力は必須。その努力なしに、新しい価値を生み出すことなんてできません。

ただし、ひとりの社員が思いつける発想には限界があります。

他人任せにしては絶対にいけませんが、新しい発想を生み出し続けるという会社の命題に、個人の努力だけで応えるのは困難です。

こうして、活路を見出したのが雑談を活用した思考術だったのです。

ただ、博報堂の雑談術についてマニュアルがあるわけではありません。

代々、先輩たちが試行錯誤しながら築き上げてきたノウハウを後輩たちが現場で実際に体験することで受け継がれてきました。

次章からは、いよいよその博報堂の雑談術について具体的にご説明したいと思います。

第2章

最初の10分で相手との距離が一気に縮まる雑談のコツ

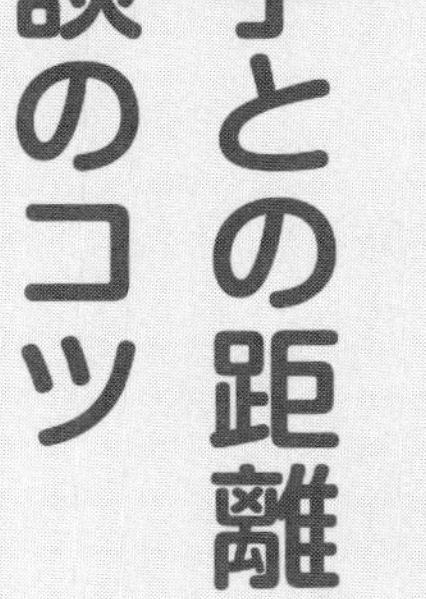

【冒頭の雑談の目的①】

雑談で「本音で話せるコミュニケーション」をつくる

博報堂には、名刺交換や電話のかけ方などの基礎的なビジネスマナーを学ぶ新入社員向けの研修があります。

その研修の最後に、ビジネスマナーに関するクイズがあります。

「会議には遅刻してもかまわない」「ＳＮＳで業務の話題をつぶやいてもよい」といった項目に対して「○」か「×」をつける簡単な内容です。

その中に、「打ち合わせの最初は雑談から始めたほうがよい」という項目があります。

この項目に対して、新入社員の多くが自信満々に「×」をつけますが、正解は「○」

です。

前にお話しした議論やアイデアを拡散するための雑談は、おもに「打ち合わせ中盤」の場面で行われます。

それ以外に、もうひとつ私たちが大切にしているのが、**社外の商談や社内の打ち合わせの冒頭10分で行う雑談**です。

一般的に、打ち合わせ冒頭の雑談は「いきなり本題に入らずに、ひとまず雑談をすることで場を温める」という、いわゆるウォーミングアップ的な意味合いで行うことが多いと思います。

もちろん、私たちの雑談にもウォーミングアップの意味合いはありますが、それ以上に重視していることがあります。

それが、打ち合わせに参加している人たちの**「自己開示」**です。

「自己開示」について、博報堂の社員は「パンツを脱ぐ」という言い方をよくします。

自己開示とは、自分の考えや意見、価値観などを相手に正直に伝えることを指します。

なぜ、打ち合わせ冒頭で雑談を通して「自己開示」する必要があるかというと、それは、**「本音で話せるコミュニケーション」をつくる**ためです。


「新人の自分がこんなことを言ったら、怒られるかもしれない……」

「自分の意見は見当違いで、恥をかくかもしれない……」


このように、多くの人が本音にフタをしがちです。

前にお話しした通り、私たちは議論やアイデアを拡散させることを大切にしています。

議論やアイデアの拡散には、自由な発想が欠かせません。

そのため、打ち合わせに参加している人全員が、「建前」の態度や意見ではない、本音のコミュニケーションをする必要があるのです。

打ち合わせの場を含め、博報堂の職場は、「友人同士の集まり」のような雰囲気と、社外の人によく言われます。

もちろん、社員全員が本当に「友人」というわけではありません。「友人同士」のような雰囲気は、お互いに「自己開示」をして、本音で話せるコミュニケーションを心がけている結果として、生まれているのです。

近年、オンラインの打ち合わせや商談が増えています。オンラインは、対面に比べると場の空気がつかみにくいので、雑談がしづらいという意見もあります。

ただ、それでも博報堂の社員に聞いてみると、オンラインであってもできるだけ冒頭に雑談をするようにしている、という人が多いようです。

私自身も、冒頭の雑談は良い仕事をするためには欠かせないもの、と考えているので、オンラインでも変わらずに行うようにしています。

【冒頭の雑談の目的②】

雑談で自分の「立場」や「役割」を捨てる

自己開示の他に、もうひとつ「本音のコミュニケーション」に欠かせないことがあります。

それは、**自分の立場や役割を捨てる**ことです。

社内の打ち合わせの場合、ベテラン社員は話すことに対する「緊張感」はなくなりますが、その分、「立場や役割」ができます。

そのような立場や役割を冒頭の雑談を通じて捨て去ることで、本音のコミュニケーションがしやすくなるのです。

「マーケティングの立場から言うと……」
「マネージャーの立場から言わせてもらうと……」

このように、自分の立場や役割を踏まえた意見というのは、「べき論」になりがちです。

「○○としてはこうあるべきで……」と言った時点で、自由な発想とはかけ離れてしまうのです。

また、若手の社員からすると、「マネージャーの立場から言わせてもらうと……」という発言に対して、異なる意見は言いにくくなってしまうでしょう。

そのため、打ち合わせの場では、自分が置かれている立場や役割から離れて、**「ひとりの生活者」として「僕はこう思う」「私はこう思う」と、「僕」「私」を主語にして意見を言うことを私たちはとても大切にしています。**

一般的に、ビジネスの場で発言するときは、データなどの根拠をもとにすることが求められると思います。

「こう思う」という発言は「キミの個人的な感想はどうでもいい！」と怒られてしまいそうですが、博報堂では、いち生活者としての立場からの「こう思う」という「主観」は、むしろ大切にされています。

打ち合わせ冒頭の雑談で、自分の立場や役割を捨てる方法として、人材開発部門所属のある男性社員は「チェックイン」をしていると言います。

チェックインとは、打ち合わせの本題に入る前に、「自分の今の心の状態」を次のようなイメージで「ひと言」で伝え合うことです。

「土曜日にやろうと思っていた仕事が残ってしまい、気分的に重たい月曜日を迎えています」

「今朝、自分のデスクにたくさんの書類があって、緊張感がマックスです」

このように、役割や立場から離れてお互いに心の内を出し合うため、「安心して何でも話せる雰囲気」をつくることができます。

私たちの社内の打ち合わせには、「営業」「プロデューサー」「デザイナー」といったそれぞれの立場や役割を持った人が参加します。

長くその商品に関わっていれば、様々な知識を持っている社員も少なくありません。

ですが、立場や知識にとらわれていると、生活者の本音を探ることができません。

「人の心を動かすアイデア」を見つけるためには、いったん立場を忘れ、「ひとりの生活者の自分」に戻る必要があります。

打ち合わせの冒頭の雑談を通じて、「ああでもない、こうでもない」と会話のやりとりをすることで、「僕はこう思う」「私はこう思う」と、生活者としての視点を手に入れることができるようになるのです。

【冒頭の雑談の話題①】

「最近、ハマっているもの」を聞く

「今週末は、ずっと雨の予報ですね」
「今年の冬は、例年よりも暖かいですね」
このように、打ち合わせ冒頭の雑談で天気について話す人がよくいます。

けっして、天気について話すこと自体が悪いわけではありません。

ただ、**天気のような「当たり障りのない話題」だと、自己開示につなげるのは難しくなります。**

前述の通り、「自己開示」とは、自分の考えや意見、価値観などを相手に正直に伝えることです。

したがって、冒頭の雑談で取り上げる話題は、自分の意見や考え、人となりを相手に伝えることができる内容にすることが大切です。

「自己開示」につながる話題の中で取り上げやすいのは、やはり趣味についてでしょう。

趣味には、その人の好き嫌いや価値観、ライフスタイルなどが表れます。

ただ、中には趣味がないという人もいます。

そこでオススメなのが、相手に**「最近、ハマっているもの」を聞く**ことです。

一見、「趣味」と「最近、ハマっているもの」は同じことのように思えますが、けっこう違います。

趣味を聞かれたら、ある程度、長期間にわたって行っていることの中から答えを選ぶ人が多いと思います。たとえば、映画鑑賞やサイクリング、読書、フットサルや草野球などのスポーツ、釣り、旅行などです。

一方、「最近、ハマっているものは？」と聞かれれば、「最近」なので、ここ1～2週間くらいで行っていることも含められるので答えの幅が広がるうえに、個人的には具体的な内容で答えてくれる人が多くなるように思います。

たとえば、「趣味」だと「海外旅行に行くことです」と答えるところを「最近、ハマっているもの」については「1泊2日の弾丸旅行で韓国に行くことです」などと答えてくれるのです。

具体的な内容のほうが、その場は断然盛り上がりやすくなります。

また、ハマっているものを話すことでポジティブな感情になるので、その後に続く打ち合わせや商談も、前向きで明るい雰囲気になるという効果もあります。

【冒頭の雑談の話題②】

「全員が話せそうな身近な話題」を選ぶ

雑談で取り上げる話題について、１つ気をつけたいことがあります。

それは、**「全員が話せそうな身近な話題」**にすることです。

参加者が複数の打ち合わせや商談の場合、雑談で特定の人たちだけが盛り上がってしまうことがよくあります。

冒頭の雑談で重要なのは、「全員が、公平に、発言できるようにすること」です。

積極的な人は、放っておいても発言してくれるので問題ありませんが、ケアすべきは引っ込み思案な性格の人や若手の社員です。

「こんなことを言うと水を差すかな」などと気を回しすぎて、結局、ひと言も発せずにいる人がよくいます。

そこで、全員がひと言ずつ発言できるようなお題を考えて、ひとりずつ振るというのもひとつの方法です。

お題としては、たとえば、前項の「最近、ハマっているもの」以外にも、夏季休暇の予定や、最近ふるさと納税で買って良かった商品、「最近初めてやってみたこと」などが挙げられるでしょう。

「最初の発言」のタイミングが後ろになればなるほど、発言をすることへのハードルがどんどん上がってしまいます。

打ち合わせ中にまったく発言をしない人がひとりでもいると、場の空気が重くなってしまいます。

冒頭の雑談は、盛り上がることも大事ですが、全員が必ずひと言でも発言するようにすることがとても重要なのです。

【冒頭の雑談の話題③】

「人から聞いた話」や「ニュース」よりも「自分の体験談」

朝刊や朝のTV番組で取り上げられていたニュースについて話をする人がよくいます。

しかし、「具体的な言葉」や「具体的なエピソード」を交えた雑談のほうが、話は断然広がりやすくなります。

そのため、「〜らしいですよ」「〜とニュースで聞きました」という「人から聞いた話」よりも、「自分の体験談」を話すほうがオススメです。

初めて行った、初めて食べた、などの「初めて〜を体験した」というエピソードは、聞く側も新たな気づきや視点を得やすいので盛り上がります。

基本的には、仕事よりもプライベートの話題のほうがよいのですが、ただ、新入社員やキャリアが浅い若い社員の場合は、日常業務に関連した体験談を話すのも、ベテラン社員からすれば興味深いエピソードになるので、オススメです。

博報堂では、やはり新商品や新サービス、流行のものの体験談を話す人が多いように思います。実際、そういったエピソードにはみんな食いつきます。

ただ、その場合も、商品やサービスのコスト構造や業界のウラ話などの「つくり手側」の視点で話すのではなく、あくまで「ユーザー側」の視点に立って体験談を話すようにすることが大切です。

【冒頭の雑談の話題④】

「スゴイ話」よりも「ちょっとした失敗談」

「くだらね～」

「バカだな～」

雑談をしているとき、このように言いながら、私たちはよくゲラゲラと笑います。

博報堂の社員にとって、「くだらね～」も「バカだな～」も、最高の褒め言葉です。

なぜかと言うと、「真面目くさっていては、想定外のアイデアは出ない」と考えているからです。

「真面目」なのはいい。けれど、「真面目くさる」のはダメということです。

「真面目に考えすぎる」と、思考が固まり、発想が縮こまってしまいます。

私たちの打ち合わせに笑いが多いのは、「真面目くさる」のを防ぐためなのです。

冒頭の雑談でも、「スゴイ成功体験」を真面目に語るよりも、「ちょっとした失敗談」を披露するのがオススメです。

成功体験よりも失敗談のほうが共感を得やすいですし、親近感を持ってもらいやすくなります。

【雑談のコツ①】

いかなる場合も「でも……」は絶対NG

「自己開示」をして本音のコミュニケーションをつくるためには、相手に対して必ず肯定的な態度を示すことが重要です。

そのため、冒頭の雑談の中で、相手の話に対して「でも……」という言葉を使うのはNGです。

冒頭の雑談で、反論をする人はあまりいないと思いますが、気をつけたいのは「良かれと思って」のアドバイスです。

たとえば、相手が「最近、ハマっているもの」として、ある健康サプリの名前を挙げたとします。

それに対して、「でも、以前、私も健康サプリを色々と調べてみたことがあるのですが、そのサプリはあまり効果がないらしいですよ。それよりも、こっちのサプリのほうがオススメです」などと返したとします。

本人としては、「良かれと思って」の発言でも、「自己開示」のための雑談の対応としてはNGです。なぜなら、言われた相手は、自分の意見を否定されたと捉えてしまうからです。

仮に、相手から「今、○○というお店のタイカレーにハマっているんですけど、美味しいタイカレーのお店を他に知りませんか？」と、聞かれた場合は答えてもよいでしょう。

相手から求められない限り、「良かれと思って」の情報提供はしないということが大切です。

【雑談のコツ②】

雑談を通じて「相手に関心を示す」

雑談のときに、つい自分が話すことばかりを考えがちですが、「本音のコミュニケーション」をするためには、当然、自分だけでなく相手にも「自己開示」をしてもらう必要があります。

相手に「自己開示」をしてもらうために重要なのは、「自分はあなたに関心がありますよ」という態度を相手に示すことです。

自分に関心を示してくれる人に、人は自分のことについて話そうという気になります。

たとえば、私は初めて話す同僚や社外の商談相手の場合、最初の5分で相手の名前を3回呼ぶようにしています。

名前を呼ぶことで、相手を「同じ会社の人」「取引先の会社の人」というよりも、「ひとりの人間」として見ていますよ、というアピールにもなります。

他にも、あいづちは「はい」よりも、できるだけ「なるほど」と返すのも効果的です。

ちょっとした違いに思えますが、「なるほど」というあいづちのほうが「相手の話に関心がある」という印象が出ます。

また、2回目の打ち合わせの場合などは、「あれ、どうなりました？」などと言って、相手が前回の雑談で話した内容について触れると、「自分の話をちゃんと覚えていてくれたんだ！」と、喜んでくれるので効果的です。

【職場の雑談の効果①】

雑談が「心理的安全性」をつくる

ここまで、打ち合わせ冒頭の雑談についてお話ししてきました。

しかし、そもそも博報堂では、職種問わず職場で雑談をしながら仕事をするのが当たり前になっています。

博報堂の「無駄口ＯＫ」の環境は、文化として根付いています。

職場の雑談については自己開示の効果もありますが、それ以外にも社員に対して「心理的安全性」をつくる効果もあると私は考えています。

ある社員は、新人時代に営業部門に配属されたとき、不安を抱えながら机で仕事をしていると、上司があまりにもくだらないネタを口にするのを聞いて、衝撃を受けたそうです。

それを聞いて、「この会社は、仕事中に、こんなにしょうもない話で盛り上がっていいんだ」と驚くとともに、上司が何度も同じネタを繰り返すので、自分もだんだん楽しく前向きな気持ちになって、仕事もがんばれる気がしてきたそうです。

経理部門の管理職を務めているある社員は「役員が集まる会議も場の雰囲気がやわらかい」と言います。

経理部門では、役員に対して数字の報告を行う定期的な役員会議があります。博報堂では、そんな役員会議でも雑談から始まります。雑談を数分間した後に、「じゃあ、そろそろ」と本題に入っていく感じだそうです。

博報堂の職場は、役員も含めて「友人同士」の雰囲気なのです。

【職場の雑談の効果②】

雑談で相手の状態をつかめる

法務部門のある女性マネージャーは、自分の部署のメンバーたちと本音で話し合える雰囲気になった今でも、必ず打ち合わせの冒頭には雑談を入れるそうです。

なぜかと言うと、雑談を通して、「相手は何が好きで、どんなことに興味があるのか？」「今、どのような状況にいるのか？」など、メンバーの状態をつかむことができるからだそうです。

相手が雑談に乗ってこないとしたら、「興味がない話題なのか」「疲れているのか」など、何らかの理由があるはずです。

効率的なチーム運営においても、雑談が大きな力を発揮します。

それは、どんなに気心が知れた中でも、参加メンバーの心理状態は毎日変わるからです。

「最近、若い人たちはどこでデートする？」「最近、悩んでいることは？」など、アイスブレイクで聞いていくと、場が和むのはもちろんのこと、若い社員がどんなことに興味を持っているのか、どんなことで悩んでいるのかがわかるので、コミュニケーションがとりやすくなるそうです。


また、経理部門の管理職を務めるある男性社員も、打ち合わせでは、「雑談が若手社員の心を開くきっかけになる」と考えています。

管理部門には、毎年数名の新人社員が配属されます。ただ、現場（クリエイターや営業）の若手に比べると、ホウレンソウ会議の割合が多くなりがちです。なので、その管理職の社員は、アイデアを出し合う打ち合わせの機会をつくり、新人や若手を積極的に誘うそうです。

ただ、中には「自分は知識も経験も足りないので、もしかしたら間違っているかもしれない……」と気後れしたり、「クリエイターとして広告をつくりたいと思っていたのに、どうして現場ではないのか……」と戸惑い、心を閉ざしがちの社員もいます。

なので、彼らの心を解きほぐすためにも、管理職の社員のほうから積極的に雑談をしかけて、発言しやすい空気をつくるようにしつつ、若手社員たちの心理状況を察知しているそうです。

このように、雑談には相手の心理状況を短い時間で把握できるという機能があります。

その日の相手の心理状況に合わせてコミュニケーションの取り方を工夫することも、仕事の生産性を上げることにつながると、私は考えています。

第3章

「最高のアイデアを生み出す」武器としての雑談の使い方

【武器としての雑談の使い方①】

雑談には、もうひとつ使い方がある

前章で、「打ち合わせ冒頭」の雑談についてお話ししました。

ここからは、「打ち合わせ中盤」の雑談について詳しく説明したいと思います。

打ち合わせ中盤の雑談は、おもに課題解決やアイデア出しを目的とした打ち合わせで行います。

前述の通り、課題解決やアイデア出しを目的とした打ち合わせは、22ページで解説した「共有」「拡散」「収束」「統一」という4つのプロセスで構成されています。

ただ、打ち合わせ中に、「今どのプロセスにいます」という確認が行われるわけではありません。

博報堂の打ち合わせの多くでは、あえてアジェンダが用意されないので、参加メンバーが各自で打ち合わせの流れを読み取り、今どのプロセスにいるかを把握するのが暗黙の了解になっています。

●●●

仮に、ある課題の解決を目的にした打ち合わせで、参加メンバーから解決策としてA案、B案、C案、D案の４つが出たとします。

このとき、４つの案について、それぞれ参加メンバーが自分の意見を述べたうえで、最終的にどの案にするかを４つの中から選ぶ、というのが一般的なアイデア出しの打ち合わせの流れだと思います。

しかし、これでは拡散を起こすことは難しくなります。

そこで、４つの案が出たときに、「解決案は本当にこの４つしかないのか？ E案、F案は本当にないのか？」という問いからスタートして、アイデアをどんどんと拡散させていくのです。

実際には、議論の拡散のためにアイデアは質より量を重視するので、3～4人が集まる打ち合わせでは40程度、多いときでは100以上の案が最初に並べられることになります。

ひとつの結論を導くために、最低でも100の案を検討する。最終的に、99の案は捨てることになりますが、それは決して無駄ではありません。

「まだ組上にのせていないアイデアは本当にないか？」「見落としている視点や事実はないか？」などと議論を拡散させていきますが、人はどうしても常識や固定観念にとらわれてしまいます。

そのため、「このアイデアは本題と関係ないだろう……」「こんなアイデアはさすがにありえない……」などと、無意識に頭の中でアイデアを取捨選択してしまいがちです。

「あるお題について100個のアイデアを考えてみてください」と言われて、本当に100個のアイデアを出せる人と出せない人がいます。

この両者の差は、発想力というよりも、思考を拡散させる習慣の有無にある場合が多いといえます。

参加メンバー全員が、拡散の意識を強く持たないと、拡散はなかなか起きません。

そこで、有効なのが雑談なのです。

「雑談こそが仕事の成否を分ける」というほど、博報堂では雑談に重きを置いており、そんな打ち合わせへのこだわりが博報堂の企業広告のコピー「会議に、無駄口を。打合せに、悪口を。」には込められているというわけです。

【武器としての雑談の使い方②】

「全然関係ないんだけど……」で本題の「周辺」を探る

拡散のプロセスで、私たちがいちばん大切にしていることがあります。

それは、**「テーマ（目的、議題、課題）そのものを掘り下げること」ではなく、「テーマの周辺を探ること」**です。

一般的に、初めからテーマそのものを掘り下げようとする打ち合わせが多いと思います。

しかし、それではどうしても発想が狭くなってしまいます。

そのため、拡散のプロセスでは、一見、遠回りに思えても、焦らずにじっくりとテーマの周辺を洗い出すことが重要になるのです。

私たちの打ち合わせでは、拡散のプロセスで、

「全然関係ないんだけど……」

「よくわからないんだけど……」

という言葉が頻繁に飛び交います。

「全然関係ないんだけど……」というセリフについては、もはや博報堂の社員の口ぐせになっているといってもよいかもしれません。

博報堂の打ち合わせでは、「全然関係ないんだけど……」というセリフの後に続く話は、「本当に関係のない話」ではなく、「本題の周辺」になります。

「全然関係ないんだけど……」と言いながら、参加メンバーの反応を見て、その打ち合わせで扱える内容の範囲を広げ、議論を拡散させていくのです。

みんなが話に乗ってくれれば、「テーマの範囲内」であることがわかりますし、反対に、話題が流れたら、「テーマの範囲外」であると理解できます。

実際の打ち合わせで、どのようにこのセリフを用いているのか、具体的な会話例をご紹介しましょう。

打ち合わせのテーマ

顧客に好かれるカーディーラーになるにはどうすればよいか？

社員A

自動車を単に展示するのではなく、
もっと好きになってもらうためには
どんな店舗にしたらいいかな？

社員B

やっぱり、店員が熱心に自動車をすすめることが
大事なんじゃないかな？

社員C

でも、あまり声をかけてほしくない
お客様もいると思うよ

社員B

たしかに、そうだよね……

社員A

全然関係ないんだけど、
ペットショップで子犬がケージに入っているとき
は値段や種類が気になるけど、
店員さんがケージから出してくれて
同じ目線になった瞬間に、「この子が好き！」って、
その犬そのものに愛着が生まれるよね。
あれってなんでだろう？

社員C

たしかに、目線や距離は、
人間の愛着を引き出す大事なポイントかもしれない

社員B

ということは、座ったらクルマと目線が合う
ソファーを入れて、展示品を「愛車」として
感じられる店舗がつくれないかな？

右ページの会話例では、「全然関係ないんだけど……」の後に続く会話が短くおさまっていますが、実際の打ち合わせでは10分以上続くことも頻繁にあります。

また、「まったく関係がない話」が本題の新しいアイデアへとつながりましたが、実際の打ち合わせでは10分以上も「まったく関係がない話」を続けた結果、何も新しい発想につながらなかった、という場合もよくあります。むしろ、アイデアにつながらない場合のほうが割合としては圧倒的に多いといえるでしょう。

そのため、博報堂の打ち合わせに初めて参加すると、「たんなる雑談」ばかりを繰り返しているように見える会話に戸惑ってしまうのです。

「全然関係ないんだけど……」と同様の意味を持つ言葉として、「ふと、思いついたんだけど……」もよく使われます。

【武器としての雑談の使い方③】

「よくわからないんだけど……」で「たしかではないこと」を投げかける

「よくわからないんだけど……」という前置きをして、「たしかではないこと」を話題にすることで、議論を拡散させることができます。

この言葉を用いた会話例を見てみましょう。

次ページを見てください。

この会話例も、すぐに新しい発想につながっていますが、実際には、「よくわからない話」を延々と続けた結果、特に新しい発想につながらなかった、というケースが圧倒的に多くなります。

打ち合わせのテーマ

バスケットボールの人気を高めるには？

社員A：アメリカでは
バスケットボール人気はとても高いのに、
なぜ日本では人気が出ないんだろう？

社員B：バスケットボールの経験者が少ないからかな？

社員C：人気の選手があまりいないからかな？

社員A／社員B／社員C：（一同）うーん……

社員B：よくわからないんだけど、夏の高校野球って、
なんで野球に興味がない人でも「ハンカチ王子！」
「○○君！」って騒ぎ出すのかな？

社員A：テレビ中継のときに
選手の顔をズームするからかな？

社員C：ということは、野球は
「個人の顔がよく見えるスポーツ」とも言えるよね？

社員A：だったら、バスケットボールは動きが速すぎて
顔がよく見えないから、特定の選手を追える
追跡カメラがあれば、ファンが増えるかもしれない

【武器としての雑談の使い方④】

「混沌とした空気」の先に「新しいアイデア」がある

「全然関係ない話」や「よくわからない話」ばかりの打ち合わせを続けていくと、次第に、打ち合わせの場に混沌とした雰囲気が漂います。

議論がなかなか前に進まない打ち合わせに、

「これ、本当に予定時間内に終わるのかな？　大丈夫かな？」

「2週間後にプレゼンがあるから、早く企画書を書かないと……」

などと、参加メンバーの心に不安がよぎり始めるのです。

しかし、そのような〝空気〟を察して、拡散をやめてはいけません。

拡散のプロセスに、混沌は欠かせないからです。

拡散のプロセスでもっとも大切なことは、「混沌を恐れない」ことです。

新しいアイデアは、混沌を突き抜けた先にあります。

打ち合わせに混沌とした雰囲気が漂うのは、むしろ望ましいこと。私たちは、「混沌がないなら、みんなで集まって話し合う必要はない」とさえ考えています。

拡散のプロセスでは、「最短距離で答えを出したい」という気持ちをグッと抑えて、あえて「脱線」をして横道に逸れたりしながら、じっくりと思考を広げていくことが大切なのです。

【武器としての雑談の使い方⑤】

拡散の前に「論点」を設定する

「拡散が大事」といっても、やみくもに話題をあちこちに振ればよいわけではありません。

限られた時間の中で効率的に「混沌」を生み出すためには、アイデアの広げ方にコツがあります。

私たちが意識しているアイデアの広げ方について、「円」をモチーフに説明してみましょう。

博報堂では、拡散することを**「360度広げて考える」**という言葉で表現することがあります。

アイデアは点ではなく円で考える

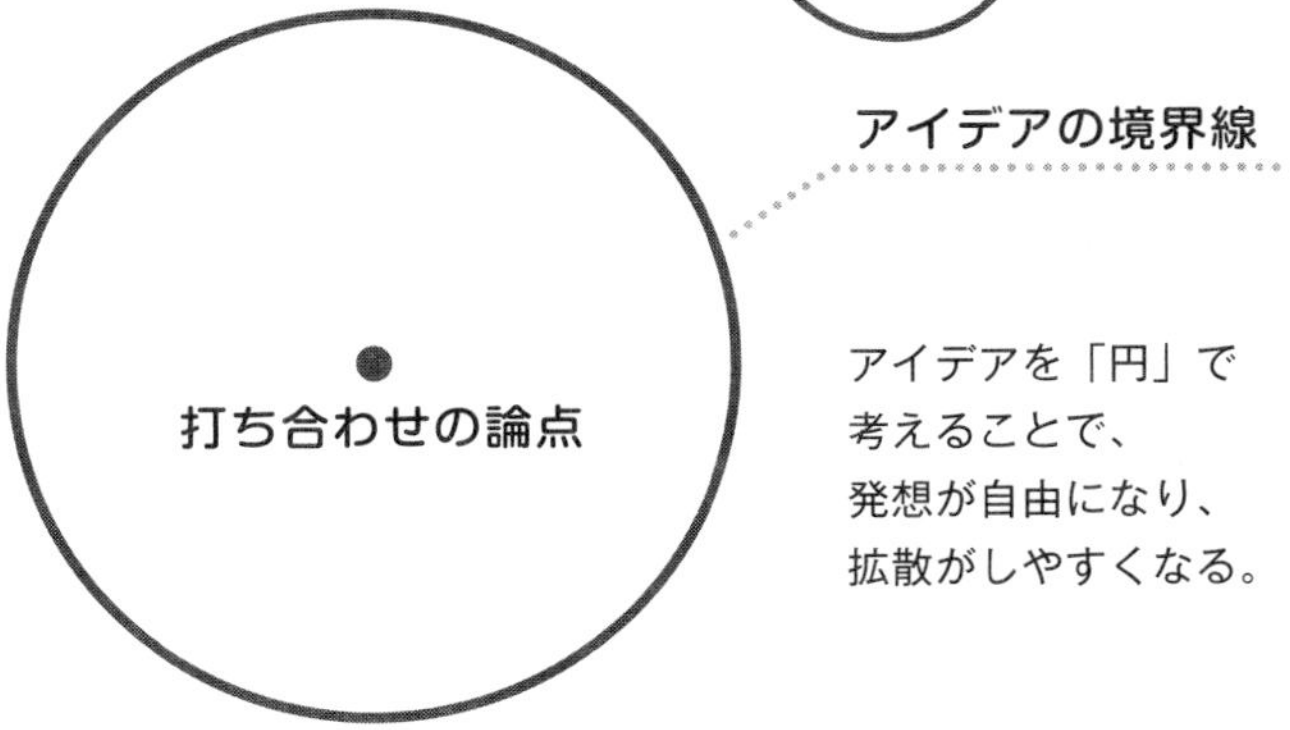

アイデアを「円」で
考えることで、
発想が自由になり、
拡散がしやすくなる。

アイデアを広げる作業は、円を描く作業に似ています。

円には、「中心点」と「円周」があります。この2つの言葉を打ち合わせに当てはめてみると、中心点は**「打ち合わせの論点」**、円周は**「アイデアの境界線」**ということになります。

この2つがきれいに描けると、参加者が自由にアイデアを広げやすく、収束もしやすくなるのです。

「打ち合わせの論点」と「アイデアの境界線」について、具体的な事例を使って説明してみたいと思います。

まずは、「打ち合わせの論点」についてです。

あるハミガキメーカーから「コモディティ化が進むハミガキ市場にどう対応すればよいか？」というご相談をいただいて、打ち合わせを行ったときのことです。

「コモディティ化」とは、競合他社と商品の差がほとんどなく、価格ばかりが下がってしまう成熟市場を指します。スーパーやドラッグストアのハミガキ売り場を思い出せば、コモディティ化の様子を想像しやすいかもしれません。

このとき、「どう対応すればよいか？」という問いを打ち合わせの中心に置くと、アイデアの範囲が広すぎて、とっかかりがなくなってしまいます。

そこで、博報堂のあるクリエイターはクライアントに次のような質問を投げかけました。

「わが家に子どもが2人いるのですが、毎日のハミガキを嫌がってサボろうとします。また、博報堂の男性社員の中で、ランチの後にハミガキをする人は全体の1割ぐらいでしょう。商品は成熟しているものの、ハミガキ行為自体は成熟していないのはなぜですか？」

先方は予想もしない質問だったようで、議論が盛り上がりました。
そして、そのプロジェクトの中心となる論点は、「コモディティ化にどう対応するか?」ではなく、「ハミガキ行為はなぜ成熟しないのか?」へと変わったのです。

このように、事前に決められたテーマが必ずしも、そのまま「論点」として使えるとは限りません。特に、テーマに「コモディティ」のようなカタカナ言葉がある場合、お互いの共通認識がズレていて、その後の議論がまったくかみ合わないという事態になることもよくあります。

そのため、まずは参加者全員でテーマを見つめ直し、ふさわしい「論点」を設定することが大切なのです。

【武器としての雑談の使い方⑥】

アイデアに「境界線」を引く

論点が見つかったら、次はいよいよアイデアを拡散します。

ただし、無制限にアイデアを広げようと思っても、なかなか広げることはできません。

そこで、重要になるのが、**アイデアに境界線を引く**ことです。

先に「アイデアとして、どこまではアリで、どこからはナシか」を明確にすることで、アイデアを出しやすくすることができます。

ここでは、アイデアに境界線を引く方法の一例として、コンサルティング部門のある男性社員が行った、「ギリギリレース」という手法をご紹介します。
この手法を用いると、アイデアの境界線を短時間で引くことができます。

あるエネルギー関連企業のA社がスマートハウス事業へ参画する際、博報堂が「ビジョンづくり」のお手伝いをしたときのことです。

スマートハウスとは、ＩＴ（情報技術）を使って、家庭内のエネルギー消費を管理しようという、省エネ住宅のことです。エアコン、テレビ、冷蔵庫などの家電機器、照明機器、トイレ、浴室などをネットワークで結び、生活者のニーズに応じたサービスを提供します。

その男性社員は、A社の担当者とワークショップを開き、「A社が将来の事業で携わるギリギリの領域」を考えることにしました。

まず、事前に「クリーニング屋さん」「ホテル」「農園」「カーシェア」「ゲームアプリ」など、「住宅」とは直接関係のないキーワードが書かれたカードを用意します。

そして、カードをひとつずつ見ながら、「これは、アリか、ナシか」を全員で話し合っていくのです。

その結果、「A社のスマートハウス事業は、その人にとって家が心の休まる場所になるサービスであれば、ギリギリアリ」「ホテルやゲームアプリなど、他人と共有するものはギリギリナシ」というA社の関心領域が明らかになったそうです。


このように、想定外の発想が必要なときには、予算や時間という事情を取り払って「ギリギリどこまでできるのか？」を考えることが重要になります。

そして、境界線が明確になった状態で打ち合わせを重ねると、的外れなアイデアが減りつつ、かつ、いつもとは違うアイデアが出やすくなります。

参加者が知らず知らずのうちに持っている、発想の「枠」を取り払うことが、アイデアの境界線をギリギリまで広げる方法なのです。

アイデアのアリナシを明確にして境界線を引く

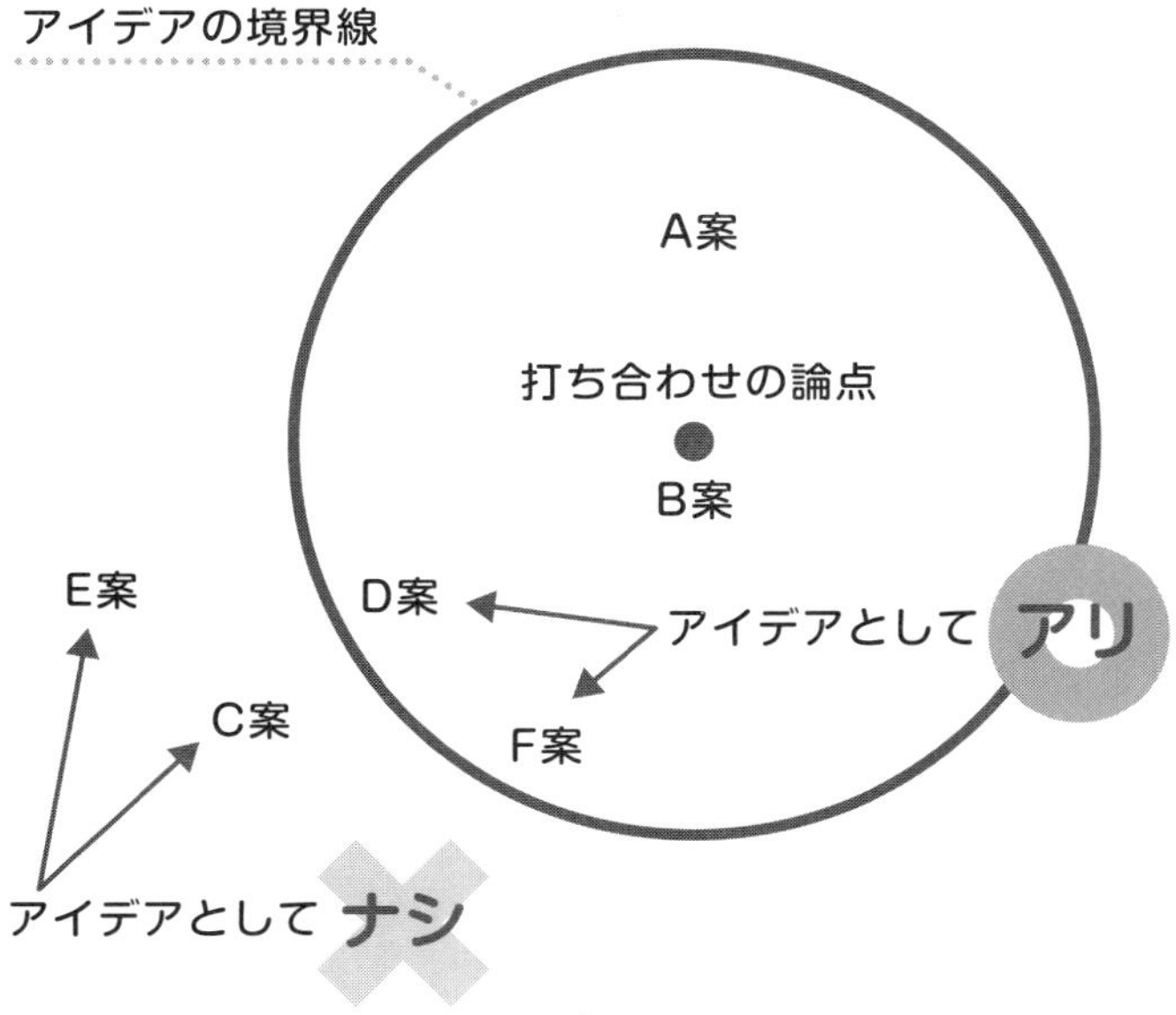

アイデアの境界線が明確になると、
「的外れなアイデア」が減りつつ、
かつ、「いつもとは違うアイデア」が出やすくなる。

【武器としての雑談の使い方⑦】

拡散を妨げる「空気の読み合い」を取り除く

「オン・ザ・テーブル」

これは、博報堂の社員の口ぐせのひとつです。拡散のプロセス中に、考えうるアイデアはすべて出し切ろうという意味です。

前に「人は無意識にアイデアを取捨選択してしまいやすい」と述べましたが、それ以外にもうひとつ、アイデアや意見を出し切ることを邪魔する要因があります。

それが、**「場の空気の読み合い」**です。

「このタイミングで若手の自分が意見を言ったら、先輩に生意気だと思われてしまうのではないか……」

「上司の意見に反対の内容の意見を言ったら、上司の気分を害するのではないか……」

「他部署の人間に意見を言ったら、余計なお世話だと思われるのではないか……」

このように例を挙げれば切りがありませんが、日本人の多くは空気を読もうとする傾向があります。

相手の立場を尊重し、相手を気遣うことは、もちろん大切です。

しかし、空気の読み合いも度が過ぎてしまうと、拡散を妨げる要因になってしまいます。

特に社歴の浅い社員は、先輩や上司の目を気にするあまり、言いたいことをグッと我慢する、ということがよくあります。

博報堂の社員はそのことをよく理解しているので、打ち合わせの最中に、場を仕切っている人や上司、先輩などが、

「私はこう思った、という意見がある人は自由に発言していいよ」

「言いたいことがあるけど、まだ言っていないという人は？」

などと頻繁に声をかけるようにしています。


社歴の浅い社員は経験と知識が乏しいので、的を外した発言をしがちです。

しかし、拡散のプロセスでは、むしろ的外れに思える意見が議論の思わぬ突破口になる場合もあるのです。

【武器としての雑談の使い方⑧】

打ち合わせはあえて〝曖昧〟に終わらせる

「拡散」の後は、「収束」のプロセスに入ります。

「収束」のプロセスでは、散らばっているアイデアを取捨選択して、いくつかの方向性（関連性があるまとまり）に整理します。

私たちの打ち合わせでは、「何が決まって、何が決まらなかったのか」をあえて曖昧にしたまま終わらせることがよくあります。

様々な視点から話題を広げていくと、「このあたりに可能性がありそうだ」とか、「なんだかわからないけど、違和感がある」と感じる場合があります。

そんなとき、私たちは、その場で無理やり答えを導き出そうとはせず、一度〝寝かす〟のです。

「打ち合わせをしたら、そのたびに何か結論を出さなければいけない」「結論の出ない打ち合わせは無駄」などと考えがちですが、私たちは結論を無理に出そうとしません。

「じゃ、そういうことで」と言って、「そういうこと」がどういうことなのかわからないまま、いったん打ち合わせを終わらせ、次回に持ち越すことがよくあります。

次の打ち合わせまで内容を寝かせておくと、無意識のうちに、テーマに関連するインプットが頭の中で整理され、新たなアイデアがひらめいたり、ブレイクスルーのきっかけが見つかったりすることがあります。

あまりにもテーマやひとつのアイデアに集中しすぎてしまうと、かえって視野が狭くなり、質が劣っていく可能性もあります。

一度アイデアをほったらかしにすることによって、アイデアを客観的に見ることができるという効果があるのです。

【雑談の副次的な効果】

「散らかす」ことで視野が広がる

ここまで、議論やアイデアを拡散するための雑談の使い方についてお話ししてきました。

一方で、打ち合わせ中に雑談することには、「視野が広がる」という効果もあります。

アイデアについて話し合っているときに、あえて「テーマに集中しすぎないほうがいい」ときがあります。

ある問題の解決策を見つけるとき、その問題にのみフォーカスすると、思考や発想がどんどん狭くなってしまうことがあるのです。

そうならないためにも、無駄口をはさむ。無駄口によって話題を散らかすことで、問題との距離を上手にとることができます。

コンサルティング部門に所属するある女性社員は「アイデアにつながるかわからなくても、とりあえず、思いついたことは発言してみる」ことを心がけているといいます。

ある化粧品メーカーとの打ち合わせの最中に、「日本のきれいさって、何だろう？」という話題になりました。

そのとき、なんとなく、「そういえば、昔の家には、ヤモリがいた」ことを思い出して、「ヤモリがいましたよね？」と言ってみたそうです。

突然の発言に、一瞬、周りは、「え？」「なんでヤモリ？？」という空気になったそうですが、ある人が、「そう言われてみれば、人と自然の共生を楽しむのも、日本の美のひとつかもね」と拾ってくれて、打ち合わせがどんどん盛り上がったそうです。

一見、テーマとは遠いように思える小ネタでも、思いついたことはできるだけ口にする。そんな雰囲気が、私たちの打ち合わせにはあります。

すると、誰かがその話を拾って、話題が良い方向に広がることもあるのです。

第4章

会話からアイデアが次々と生まれる！博報堂の「話し方」「聞き方」のコツ

会話の中から新しい発想が次々と生まれる話し方・聞き方

ここまで、私たちの雑談術に焦点を当ててお話ししてきました。

もうひとつ、雑談を語るうえで欠かせないものがあります。

それが、話し方・聞き方です。

そこで本章では、私たちが実践している雑談の場面における話し方・聞き方のちょっとしたコツについて紹介したいと思います。


紹介するコツの中には、雑談の場だけにとどまらず、日常のコミュニケーション全般にまで浸透している、まさに博報堂社員のコミュニケーションの基本ルールといってもよいものもたくさんあります。

誰でも明日からすぐに実践できるような簡単なコツばかりですが、いずれも効果はバツグンです。

では、さっそく話し方、聞き方の順にコツをひとつずつ見ていきましょう。

【話し方のコツ①】

「原則論」や「べき論」をしない

「会社的には○○すべきだよね」

「原則に基づいて考えると、○○すべきだよね」

特に問題解決やアイデア出しの会話中、このような「~すべき」という表現を使うのはNGです。

「べき論」で物事を考えると、「ステレオタイプの認知（一定の型にはめて考えること）」に陥りやすくなります。

つねに、「自分の言葉」で話すことが大切です。

「自分の言葉」とは、「率直に自分の本音を伝える」ということ。これまで繰り返しお話ししてきた通り、「本音のコミュニケーション」が大切なのです。

博報堂において、特にアイデアを出すときは、「会社としてどう〝すべき〟か」ではなく、ひとりの生活者として、「こんなものがあったらほしい！」「こんなことをしてみたい！」と思えるかどうかを重視しています。

「やりたいこと」をやったほうが熱量は上がるので、結果的にクリエイティブの質は上がりやすくなります。

【話し方のコツ②】

「アイデア」と「コンセプト」を分けて話す

「アイデア」のブラッシュアップは、ちょっとした「ひと工夫」で加速させることができます。

それは、**「アイデア」と「コンセプト」を分けて話す**ことです。

博報堂では、1回目の打ち合わせの際に「アイデア」ではなく、「コンセプト」を決めるようにしています。

ここで言う「コンセプト」とは、アイデアのもとになっている「狙い」のことです。

たとえば、「社員の団結力を高める」ことを目的とした社内イベントのアイデアを考える、というお題があったとします。

そのお題に対して、３人の社員が次のようなアイデアを持ち寄りました。

Ａさん：みんなでボーリング大会を行い、盛り上がる
Ｂさん：家族ぐるみでＢＢＱに行き、親睦を深める
Ｃさん：オフィスに本棚を置き、ひとり一冊オススメ本を持ち寄る

このとき、「どの案を採用するか？」ではなく、「これらの案の裏には、どのようなコンセプトがあるのか？」をみんなで話し合うのです。

Ｃさんの「オフィスに本棚を置く」というアイデアの裏には、「会社に本を持ってくることで、その人の仕事以外の『オフ』の趣味や関心事がわかると、話しかけやすくなる」という「狙い」があったとします。

今回のテーマは「社員の団結力を高める」ことなので、ボーリングやBBQで盛り上がるよりも、Cさんの案のほうが効果的かもしれません。

そうすると、今回の社内イベントにおけるコンセプトは、「社員一人ひとりの人となりがわかること」になります。

Cさんのコンセプトを生かしつつ、あらためて、もう一度このコンセプトのもと、新しいアイデアを出すようにすると、これまでとはがらりと変わったアイデアが出やすくなります。

【話し方のコツ③】

「肩書き」で話をしない

「部長的には、この件についてどう思われますか？」
「営業的には、どうですか？」

知らず知らずのうちに、このような聞き方をしている人は意外と多いのではないでしょうか。

アイデアや意見を聞くときに、このように肩書きや部署名を持ち出すのはＮＧです。

アイデアや意見の前では、年齢、性別、役職、役割、立場などに関係なく、誰もが平等、というのが博報堂の考え方です。

肩書きや部署名を持ち出すと、無意識にお互いを牽制したり、必要以上に遠慮したりする空気が生まれ、本音のコミュニケーションができなくなってしまいます。

また、若手社員が上司や先輩社員にさらに気を遣うことになって建前の発言をするようになってしまいます。

上下間や部署間にある意識の壁を取り除いて、「安心して自分の意見を自由に言える場」をつくることが大切です。

【話し方のコツ④】

あえて「正解」を当てにいかない

「こういうアイデアはどう？」

「違うなあ……」

「じゃあ、こういうアイデアはどうかな？」

「う～ん……、ピンとこないなあ……」

「じゃあ、これは？」

「それも違うなあ……」

アイデアを検討するとき、このような「イエスorノー」で答える会話になりがちです。

このようなやりとりを野球のキャッチボールで喩えるなら、相手の胸元へボールを投げ込もうとするイメージです。

こうした会話を続けていると、**「正解は何か？」と考える意識がどんどん強くなっていきます。その結果、思考の幅が狭くなり、固定観念に縛られた発想から抜け出せなくなってしまう**のです。

そこで、博報堂の打ち合わせで行われる会話は、**あえて相手のミットを「外す」ような発言が頻繁に行われます。**

お互いの「際」を合わせることで、発想の幅を広げるのです。

具体的な事例で解説しましょう。

あるマーケティング部門の社員が、ある家電メーカーのイノベーション推進事業部のプロジェクトに参画することになりました。

まだ具体的な内容が決まっていない段階で、同じプロジェクトに参画している先輩社員と雑談をしていたときのことです。

通常は、「イノベーションを起こすための具体的な施策にはどのようなものがあるか？」という問いから会話が始まると思いますが、このとき、先輩社員は、初めにこんな質問を投げかけてきたそうです。

「あるインスタントラーメンブランドで、生たまごをのせるためのくぼみを加工したら、すごく売れたんだって。これって、イノベーションだと思う？」

その社員は、家電メーカーの話ではなく、唐突にインスタントラーメンに関する質問をされて戸惑ってしまったようでしたが、その後、次のような会話を交わしました。

「まったく新しい商品を一から開発したわけではないから、それはイノベーションとは違うのでは？」

「でも、くぼみをつくることによって、商品をより広く普及させることに成功したのだから、イノベーションだ」

様々な意見を通じて、曖昧だった「イノベーション」という言葉に対する理解がその先輩社員と共有できて、その後のプロジェクトに役立ったそうです。

「相手はどんなものを望んでいるのか?」と、考えながら会話することを「正解を当てにいくコミュニケーション」とするなら、このような会話は「あえて正解を当てにいかないコミュニケーション」といえるかもしれません。

【話し方のコツ⑤】

「それって起源は何？」で点を線で考える

アイデア出しの打ち合わせでは、議論が行き詰まることがよくあります。

そんなときは、話を思い切って過去や未来に振ってみることで、視点を切り替えることができます。

「その商品の起源は何？」というような質問を投げかけて商品やその業界の起源をたどってみると、かつては今と違う目的や用途で使われていた、ということがよくあります。

具体的な会話例を見てみましょう。

【打ち合わせのテーマ】銀行の新サービスについて

社員A　銀行の新しいサービスを考えよう

社員B　窓口の営業時間を延ばすとか、インターネットで口座が開設できるようにするとか、色々とアイデアは出ているけど……

社員C　**そもそも、銀行の起源って何だっけ？**

社員A　英語のBANKは、もともとイタリア語のBANCO（長机）が語源になっています。大航海時代に大海原へ冒険家が旅に出るとき、資産家が資金を机の上に置いたのが始まりらしいですよ

社員B　だとしたら、営業時間やインターネットの口座も、たとえば「新しい社会という大海原へ旅立つ新社会人に向けたサービス」ということで打ち出していきたいね

社員C　定年前後に起業する人が増えているという話だから、その人たちを応援するサービスも考えられそうだね

このように、「そもそも、どのような使われ方をしていたのか？」「かつては、どのような位置づけだったのか？」などと、その商品の起源に立ち戻ってみることで、新しいアイデアが見つかることもあるのです。

【話し方のコツ⑥】

「それって、10年後どうやって使われている？」で視点を切り替える

物事を見る視点は、知らず知らずのうちに四半期、1年、3年など、短期的なものに陥りがちです。

そこで、「その商品は10年後、どうなっている？」という質問を投げかけ、「未来がこうあってほしい」という個人的な思いに向き合ってみることで、新たなアイデアに出会えることがあります。

会話例を見てみましょう。

【打ち合わせのテーマ】焼酎の需要を拡大するにはどうすればよいか？

社員A　焼酎を飲む人が減ってきたので、需要拡大のアイデアを考えよう

社員B　みんなが憧れる有名人を使った広告をしたらいいんじゃないかな？

社員C　アルコール度数が高くて飲みにくいから、割って飲むレシピを広めよう

社員A　**ところで、10年後に需要がすごく増えたとしたら、焼酎って家庭のどこにあるのかな？**

社員B　今は棚の奥にしまわれていそうだけど、もっと日常的に見える場所にほしいね

社員C　それだったら、キッチンのカウンターじゃないかな。人気が定着しているクラフトビールは、おしゃれなラベルでインテリアの一部にもなっているよ

社員A　じゃあ、10年後にすべての家庭のキッチンカウンターに焼酎が置かれている姿を想像して、商品の形から売り方まで、一から考えてみよう

このように、過去や未来の視点を持ち出すと、参加者の発想が揺さぶられます。**今まで考えていなかった質問をされると、人は自然と新しいアイデアを考えたくなる**のです。

時間軸を考えるときに重要なのは、振れ幅の大きさです。

「過去を考える」といっても、「昨年はどんなことをしていたっけ?」というような近い過去の質問を投げかけても、発想は広がりません。「中世ヨーロッパ」「江戸時代」のように、思い切って振れ幅を大きくして極端に問いかけてみることが大切です。

【話し方のコツ⑦】

「自分の実感」で言い換えてみる

「まず、自分はどう思うのか？」

会話の中に「抽象的」な言葉が増えてきたなと感じた場合は、このように自分に問いかけて「自分の言葉」に置き換えてみることが大切です。

自分の経験や感覚から浮かび上がる思いを表現することで、言葉の意味を深く捉えることができるようになります。

会話例を見てみましょう。

社員A　この商品のコンセプトは「洗練」ということでまとまってきたけど、そもそも「洗練」って具体的にはどういうことなのだろう？　**自分の実感に置き換えるとどんな感じになるかな？**

社員B　私は、和風旅館のようなわび、さびな感じですかね

社員C　私は、コンクリート打ちっ放しの無機質な美術館のようなものをイメージしていました

社員D　2人と近いのですが、技を極めた職人のイメージです

社員A　つまり、この商品の「洗練」されたイメージは、「徹底的に基本機能を突き詰めて、無駄なものは削ぎ落とした潔さから生まれている」とも言えそうだね。そんなコンセプトで、さらに考えてみよう

会話が抽象的になりすぎると、参加者の理解が追いつかなかったり、人によって理解がバラバラになったりしやすくなります。

たとえば、「おもてなし」という言葉ひとつとっても、人によって理解はかなり異なります。

ある日本のホテルでは、お客様のコーヒーカップの傾きを見ておかわりを勧める、さりげない気遣いを「おもてなし」と呼んでいます。

一方で外資系のホテルでは、お客様が結婚記念日だとわかれば自分の裁量で部屋のベッドにバラの花を飾るようなサプライズを「おもてなし」と呼んでいるのです。

相手と抽象的な言葉の理解がズレていることが原因で、議論がなかなか前に進まないということはよくあります。

そのため、要所要所で、実感に基づく「自分の言葉」を使いながら、お互いの理解をたしかめることが重要です。

「抽象的な言葉」は、自分の実感で言い換えて理解をすり合わせる

「洗練」という言葉を「自分の実感」で
言い換えてみると!!

社員A

言い換え①

私は、和風旅館のような
わび、さびな感じですかね

言い換え②

私は、コンクリート打ちっ放しの
無機質な美術館のようなものを
イメージしていました

社員B

社員C

言い換え③

二人と近いのですが、
技を極めた職人のイメージ

「洗練」という抽象的な言葉を自分の実感で言い換え合うことで、

「徹底的に基本機能を突き詰めて、
無駄なものを削ぎ落とした潔さ」という

共通のイメージを持つことができる

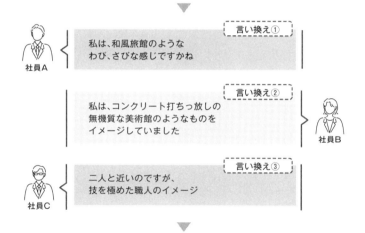

【話し方のコツ⑧】

「隠れたライバル」を探すことで「既成概念」から離れる

一般的に、ライバルと言えば、「同業種、同カテゴリー」のものを指します。

お客さんの立場に立って、隠れたライバルがいないかを探してみることで、既成概念から離れて、もっと深く考えられるようになります。

また、「なぜ、それがライバルになるのか？」を考えることは、物事の本質を見抜くことにつながります。

会話例を見てみましょう。

【打ち合わせのテーマ】チョコレートのコンビニ向け商品について

社員A　コンビニで売れているチョコレートは、ライバル企業の商品Aや商品Bです

社員B　**商品Aや商品B以外にも、隠れたライバルってないかな？**

社員C　意外と夜に売れていますね。会社からの帰りに立ち寄る女性が多いみたいです

社員B　その女性は、チョコレート以外に何を買うのかな？

社員A　コンビニスイーツや、アイス、菓子パンなど「甘いもの」全般ですね

社員C　「甘いもの」を買うのは、1日がんばった自分への「プチご褒美」でしょうね。つまり、チョコレート同士の競合だけでなく、「プチご褒美」競合になっているのかも

社員A　ということは、チョコレートの味の競争ではなくて、「プチご褒美」気分をいかに満たすかの競争になりそうだ

社員B　リラックスする香りのチョコとか、眠りに良い成分が入ったチョコレートの開発などが考えられるかもしれない

ライバルを同業他社だけに限らず、「同じ目的で買われているもの」や「同じ財布から支払われているもの」「限られた時間を奪い合っているもの」まで視点を広げることで、アイデアが広がることもあります。

このような視点を手に入れるためには、日頃から人々がどのような目的で買い物をしているか、どのようなものにお金や時間を使っているのかを把握しておくことが重要です。

【話し方のコツ⑨】

「身近に使っている人はいる？」でユーザーの「リアルな場面」をイメージする

会議室の中で長時間にわたり話し合いを続けていると、いつの間にか議論が「机上の空論」になってしまうことがあります。

そうならないために、私たちは**つねに頭の中で「実際の生活」をイメージする**ことを大切にしています。

「身近に、〇〇を使っている人はいる？」

このような質問を相手に投げかけて、実際に存在するユーザーの人物像の「リアルな場面」を想起するのです。

自分たちの身近で、その商品やサービスを実際に使っている人（もしくは、使っていそうな人）を探し、その人の人柄や生活スタイルを掘り下げることで、ターゲットの特性やブランドのもたらす価値をリアルに共有できます。

具体的な会話例を見てみましょう。

【打ち合わせのテーマ】ワンボックスカーの販売施策について

社員A　身近に、ワンボックスカーに乗っている人っている？
社員B　うちの◯◯部長が乗っていますよ、そのクルマ
社員C　知らなかった。どこに住んでいて、どんな家族構成だったっけ？
社員A　川崎の郊外の一戸建てに住んでいて、奥さんと小学生の男の子が2人いますね
社員C　趣味は何だっけ？

社員B　以前は休日も仕事でしたが、最近は子どもとキャンプに行くのが趣味だって言っていましたよ

社員C　そんな〇〇部長がそのクルマを選んだ理由は何だろう?

社員A　家族とのコミュニケーションを増やしたいんじゃないですか。子どもと一緒に遊べる「ゴールデンタイム」に「いい父親」の役割を果たしたいという気持ちがありそう

社員B　ということは、家庭の中で失われつつある「父権」の復活をテーマにした販売アイデアが考えられそうだね

このときに大切なのは、お互いに知っている人物を思い浮かべることです。顔や人となりがイメージできるぐらいに具体的な人物像を思い描ける人を登場させることで、アイデアが机上の空論ではなく、現実的で血が通ったものになります。

【話し方のコツ⑩】

「個人的に気になるんだけど……」で「違和感のある事実」に目を向ける

調査データ、知り合いの発言、前提となっている業界の常識などの中にある、なぜか個人的に気になることや違和感を覚えることに注目してみることで、新しい発見につながることもあります。

具体的な会話例を見てみましょう。

【打ち合わせのテーマ】フィットネスクラブの店舗開発

社員A　個人的にすごく気になっているんですけど、50代以上の女性は、健康意識も高いし、入会数も多いのに、なぜかすぐに辞めてしまうんですよ

社員B　やっぱり、主婦にとって金額が高いからじゃないかな？

社員C　でも、金額が理由だとしたら、そもそも入会しないよね

社員A　じつは、気になったので辞めた女性たちに話を聞いてみたら、意外な声が見つかったんです

社員C　へえ、どんな声？

社員A　多くの女性が、化粧をしていくのが面倒だと言うんです。かといって、スッピンを周りの男性に見られるのも嫌なんです

社員B　ということは、ユーザーも受付も全部女性だけのフィットネスクラブをつくったら、スッピンで来ても大丈夫だから、喜ばれるかも

社員C　でも、フィットネスクラブへの移動中はどうするの？

社員Ａ　むしろ、商店街の中にお店をつくって、誰にも会わないようにしたらいいんじゃないでしょうか？
社員Ｂ　だったら、土足で入れる、自宅の延長線のような場所がいいね

他にも、「その商品は、ユーザーに意外な使われ方をしていないだろうか？」「送り手サイドの当初の狙いと、受け手サイドが感じるベネフィットにズレはないだろうか？」などと問いを投げかけることで会話の中から新たなアイデアが生まれることがあります。

また、「当初の予想とは異なるデータ」「多数意見とは違う異分子的な声」に目を向けてみることで、新たな視点に気づくことがあります。

会話例を見てみましょう。

【打ち合わせのテーマ】メガネ拭き用シートの使い方

社員A　**知り合いの女性に聞いたんですが、**わが社のメガネ拭き用シートに化粧液をつけて、メイク落としとして使っているケースがあるらしいですよ

社員B　そんな使われ方は想定外だな。どうしてそんな使い方をしているの？

社員A　細かいホコリやチリまでとれるので、お肌がスベスベになる気がするそうです

社員B　ということは、拭くだけでメイクが落とせるシートのようなものが開発できたら、女性に喜ばれそうだな

どちらの会話例も、データのサンプル数は少ないものの、違和感を抱く調査データを打ち合わせの場に提示しています。

近年、ビッグデータなど膨大なデータの分析が主流となっています。サンプル数

の多さはたしかさを確保するために必要なものです。

しかし、正しいデータをもとにした議論が行き詰まったときに、Ｎ＝１の「意外なデータ」を提示することで、発想の視点がガラリと変わることがあります。

そのためにも、データを見たときの自分の「違和感」を大事にする必要があります。

様々なことに素朴な疑問を持てるように、自分の中から「素人」の視点をなくさないことが重要です。

【聞き方のコツ①】

どんな意見でも絶対に否定しない

前にお話しした通り、相手の意見は絶対に否定しないようにすることが大切です。人は、一度でも自分の意見を批判されると、萎縮してしまって次に新しいアイデアを思いついても、言い出せなくなりがちです。

そのため、「自分の意見が大切にされている」と感じることがとても重要になるのです。

相手の意見には、「おもしろいね」「それ、なんかありそうだね」としっかり受け止め、共感を示すようにします。

仮に、相手の話が「自分とは違うな」と思っても決して否定せずに、一度、受け止めるようにします。

否定してしまうと、「会話のキャッチボール」ではなく、「優劣を競うドッジボール」のような状態になってしまいます。

博報堂には、価値観が異なる「粒違いの人材」が揃っているので、自分とは違う意見に出会うのは当然のことです。

奇抜だったり、テーマとは無関係に思えたりするアイデアだったとしても、頭ごなしに否定することはありません。「なるほど、そういう意見もあるんだ」と、つねに受け入れる姿勢を崩さないようにしています。

自分と違う意見が出たときには、

「なぜ、自分とは違う考えを持っているのか？」

「なぜ、この人は、こういう考えをしたのか？」

という視点で考えるようにすると、新しい発想につながりやすくなります。

【聞き方のコツ②】

「人のアイデア」には一度乗っかってからズラして返す

「だったら、こういうのもあるよね……」
「あ、それで思い出したんだけど……」

私たちの打ち合わせでは、このような言葉が頻繁に飛び交います。

他の人がアイデアを出したり、意見を言ったりしたら、とにかく便乗するのです。

相手から投げかけられた話を受け止め、つないで、次に展開させていく。そうすることで、議論を加速させることができます。

ただし、「他人の意見に乗る」ことを前提としながらも、「いいね、いいね！」とたんに盛り立てるのでは、人の意見に合わせているだけになってしまいます。

そこで、**自分と相手の意見が違う場合は、いったん「いいね！」と受け入れた後で、少しだけ内容をズラして返すようにします。**

たとえば、「その通りだね」と同意してから、「でも、こういうこともない？」と言ったり、「いいね、いいね」と相手に乗ってから「それもあるけど、こういう見方もあるよね」と返したりするのです。

相手を否定せずに受け入れることは必要ですが、受け入れるだけでは議論は活性化しません。**受け入れてから角度を変えて返す**ことが大事です。

また、中には「よくわからないことは話さない人（自分の知っていることだけ話す人）」もいます。

「相手の意見にとりあえず乗ってみる」ということは、「相手から投げられたボールはひとまず受け取る」のが基本です。

したがって、「それは、私にはわかりません」「それは、私の専門外です」と言って、片付けてしまうのはあまり望ましいことではありません。

「よくわからないこと」や「自分も知らないこと」を口にするのは無責任に感じるかもしれませんが、前に解説した通り、「よくわからないこと」を口にすることで、議論を拡散させるという効果も期待できるのです。

【聞き方のコツ③】

打ち合わせ中に出たアイデアは紙に書いて張り出す

博報堂の本社には、200室以上のミーティングルームがあります。

そして、ミーティングルームの多くには、A4のコピー用紙とサインペンが置かれています。

理由は、打ち合わせ中に出てきたアイデアや意見を紙に書き出すためです。

アイデアを白紙に書き出すことで、次のような効果があります。

（効果①） 手書きにすると、未完成感、アイデア段階という印象が出るので、相手も意見が言いやすい

（効果②） ふせん紙よりもスペースを大きく使えるので、図や絵を入れやすい。図や絵を使って表現すると、イメージを相手と共有しやすくなる

（効果③） 大きな紙に大きな文字で書くと、発想も大きく広がりやすい

また、事前にアイデアを用意する場合、出揃ったアイデアをグルーピングしやすくなるという理由で「コピー用紙1枚につき、1アイデア」で持ち寄る社員が多いのも特徴です。

博報堂本社にある会議室の壁は、ほぼすべてホワイトボードになっています。これは、打ち合わせ中に出た意見を直接壁に書き出したり、紙に書いたアイデアを張り出したりするためです。

なぜ、壁にアイデアを書き出したり、アイデアが書かれた紙を張ったりしているかというと、**アイデアを参加者全員で共有しやすい**からです。

他にも、**壁にあるアイデアは、参加メンバーの中で無意識に「個人のもの」**

から「みんなのもの」という位置づけに変わりやすくなるという効果もあります。

口頭だけでアイデアを説明すると、そのアイデアに対して批判的な意見が出た場合、アイデアを出した人の人格まで批判されたと捉えてしまう人がいます。

しかし、紙に書いて張り出しておけば、そのアイデアについてどんな意見が出ても、素直に受け入れることができますし、自分自身も、自分で出したアイデアを客観的に見直すことができるようになるのです。

チーム力で新しい発想を生み出すことが重要だと理解していたとしても、どうしても、自分が出したアイデアには思い入れや個人的なこだわりが出てしまいます。

アイデアを壁に張り出すという行為は、そういった気持ちを整理できるという効果があるのです。

また、紙にアイデアを書いて張り出すときは、「無記名」にしています。

無記名にしておくと、上司や意思決定者の顔色をうかがうことなく、自分の意見を自由に出せるようになりますし、「誰が書いたか」という視点がなくなるので、アイデア自体をより客観的に評価できるようになります。

一般的な打ち合わせでは、配布された資料や持ち込んだノートパソコンの画面を眺めたりして、参加メンバーの目線は下に向きがちです。

しかし、意見やアイデアを壁に張り出すことで、参加メンバーの目線が壁に移るので、目線が高くなりやすいという効果もあります。

目線が高くなると、不思議と参加メンバーの打ち合わせに臨む姿勢も前向きになるようです。

【聞き方のコツ④】

「それって○○に似てない？」で、相手の話を喩えてみる

新しい発想を生み出す過程では、「うまい喩え話」が発想を広げるきっかけになります。

「それって○○に似ているよね」などのように、喩えることで、他の事柄との共通性が見つかり、取り組んでいるテーマの内容や性質を客観的に見つめ直すことができます。

対象のブランドを「他の業種のどのブランドに似ているか？」「他の分野の何に似ているか？」など、「比喩で発想」することで、ブランドの価値やブランド戦略のイメージが広がります。

具体的な会話例で見てみましょう。

【打ち合わせのテーマ】新しい「電子辞書」の商品開発について

社員A　最近の電子辞書は、英和辞典や国語辞典だけじゃなくて、家庭の医学から俳句の季語まで、何でも入っているよね

社員B　でも、機能が多いからといって売れるとは限らないよ

社員C　**それって、「幕の内弁当」のようなものじゃない？** 色々入っているけど、あまり印象に残らない。今回の商品は、「脱・幕の内弁当」が必要なんじゃないかな

社員A　別の業界で喩えると、「時計産業」も似ているよね。時刻を知る以外にも、アラームや方位磁針など色々な機能が増えたけど、携帯電話の登場に大きな影響を受けた。その結果、歴史ある高級機械式時計や、ファッション性が高いもの、ハードな衝撃にも耐えられる時計のように、特徴がはっきり

しているブランドが生き残ったよね

社員B　じゃあ、新しい電子辞書のアイデアは、「どんな特徴を際立たせるか」から考えて、脱・幕の内弁当を目指そう

この会話例の中には、2つの喩えが登場しています。

1つ目は、「多機能だけれども特徴がない」という課題を「幕の内弁当」と喩えています。

チームでアイデアを考えるためには、「何が課題なのか」を共有する必要があります。

しかし、「課題」がはっきりしていないという場合も少なくありません。

課題が曖昧なままだと、アイデアを選ぶ段階で認識の「ズレ」が生まれてしまい、参加者同士の相乗効果が生まれません。

そこで、打ち合わせの早い段階で課題を共有するために、様々な「喩え」を使って現状を言い当てることで、打ち合わせの焦点を絞ることができるようになるので

す。

2つ目は「時計産業」の喩えです。

「幕の内弁当」の喩えから、「多機能だけれども特徴がない」という課題が全員に共有されました。

その結果、社員Aが「時計産業」も同様の悩みを抱えていたことを話しています。

また、課題が共通しているだけでなく、特徴を「機械式」「衝撃に強い」などに絞って成功している事例も紹介しています。

このように、似たような悩みの中から抜け出た別の業界の「喩え」を使うことで、「それに倣ったらどういうやり方ができるのか？」と発想を転換することができます。

別の業界の「喩え」を使う最大のメリットは、参加者全員が「素人」になれることです。

たとえば、電子辞書の会社で働く社員A、B、Cはそれぞれ社歴や経験も違うので、場合によっては「こんなこと誰もが知っているよな……」と思って発言をやめてしまったり、業界の常識に縛られた発言になってしまったりすることがあります。ところが、話題が「弁当」や「時計産業」になれば、参加者の知識や経験に差がほとんどありません。

ですので、業界の常識に縛られることなく自由に発言できるのです。また、知識が少ないほうが、問題の本質をシンプルに捉えられる場合もあります。

もちろん、いつまでも他業界の話をする必要はありませんが、打ち合わせの序盤に効果的な「喩え話」を使うことによって、発想のジャンプを生み出すことができます。

「隣の芝生は青い」といいますが、別の業界は色々なアイデアが簡単に生まれていると考えがちです。

しかし、どのような業界もじつは似たような悩みを抱えており、私たちはそれを打破した結果だけを見ているにすぎません。

ヒット商品を生み出した業界が、その商品が生まれる前に持っていた課題や悩みを事例として日頃からストックして分析しておくと、チームで議論が行き詰まったときに使える「切り札」になるかもしれません。

【聞き方のコツ⑤】

議論の内容を「ひと言」にして「単純化」する

議論が拡散して打ち合わせが混沌としてきたときは、議論や提案を「単純化・焦点化」することが有効です。

「その提案にキャッチフレーズをつけるとすると、何？」
「今回のプレゼンで、いちばんハッとさせたいポイントはどこ？」

このように、「ひと言」で表現して問いかけることで、他の人の発想が整理されます。

アイデアが羅列してあるだけのプレゼンでは、相手の心を動かすことはできません。

たとえば、広告会社が参加する「競合プレゼン」では、いくつもの企業が同じテーマでたくさんのアイデアを持ち寄ります。

そのときに、「博報堂は○○な案」というひと言で記憶できるようなシンプルさがないと、クライアントの印象に残ることはできません。

私たちの打ち合わせでも、プレゼン直前になると、「要は何なの?」「キモは何?」という言葉が飛び交います。

けっしてコピーライターが書くようなカッコいい言葉である必要はありません。プレゼンの内容とセットで聞けば心に残るような、アイデアの要点をひと言で言い表せるキーワードにすることが大切です。

具体的な会話例を2つ見てみましょう。

【打ち合わせのテーマ】タクシー会社のサービス開発について

社員A　都心にはタクシーが溢れていて、差別化が難しい

社員B　今重要なのは、新しい商業ビルの車寄せに常駐できるかどうかだよね

社員C　商業ビルにはさまざまな企業が入っていて、ビジネスでタクシーを使う人が多いから、サービスの要求レベルも高い

社員A　それに対応するために、色々なアイデアを考えよう

社員B　清潔さ、運転手のマナー、ポイント……、色々考えられそう

社員C　でも、**私たちの戦略は、要は何なんだ？**

社員B　一流企業のビジネスパーソンに対応する、「タクシー業界のビジネスクラス」を目指すことかな

社員C　よし、じゃあ「ビジネスクラス」にふさわしいサービスを開発しよう

【打ち合わせのテーマ】住宅街のコンビニの業態開発について

社員A　住宅街にあるコンビニは、午前中から午後3時頃まで高齢者の利用率が高いよね

社員B　だったら、時間帯別にターゲットを分けて高齢者に特化したアイデアを考えよう

社員C　高齢者層向けの惣菜や飲み物を増強したいよね

社員A　イートインスペースを畳にして、くつろいでもらったらいいのでは？

社員B　店内に無料で使えるパソコンやタブレット、充電器を置くといいかも

社員C　**色々出てきたけど、私たちのアイデアのキャッチフレーズは、「昼間のコンビニをシニアのカフェに！」というのはどうだろう？**

このように、「要は何か？」をひと言でまとめておくと、議論が行き詰まったときや、迷走したときに立ち戻ることができる発想の「原点」のような作用をしてく

れます。

また、一度まとめておくことで、ここをジャンプ台にして再びアイデアを広げることも可能です。

逆に、ひと言でまとまらない場合は、アイデアが散漫になりすぎている可能性もあります。

そんなときは、アイデアをいくつかの島に分けて、それぞれにキャッチフレーズをつけてみることで、どの方向性がいちばん有望なのかを知ることができます。

【聞き方のコツ⑥】

「○○さんなら、どうするだろう?」で「他人の頭」で考えてみる

人は、自分の経験の枠内で発想してしまいがちです。

そんな固定観念を取り払うためにも、

「あの人なら、どんな発想をするか?」

「ライバル企業なら、どう考えるか?」

と、他人の頭に置き換えてイメージすると、個人の枠を超えた新しい発想が生まれやすくなります。

同じ課題に対して、競合他社はどう攻めてくるか、「ライバルの頭」になってソ

リューションのパターンを整理してみましょう。

そうすることで、自社のオリジナリティを際立たせるアイデアを見つけることができます。

広告業界には、新商品の広告キャンペーンを依頼する広告会社を決める、「競合コンペ」と呼ばれるプレゼンテーションがあります。

事前にある程度は、どの広告会社が「競合コンペ」に参加する予定なのかがわかります。場合によっては、ライバル会社のどのクリエイティブディレクターが担当するのか、人物まで特定できることもあります。

そこで、博報堂のあるクリエイティブディレクターは、会議が行き詰まってくると、「競合コンペ」に参加が予想されるライバル社のクリエイティブディレクターの過去の作品を参加メンバー全員で見ながら、「その人だったらどんなプレゼンをするか？」を考える時間をとるそうです。

するとその人の好みや作風からプレゼン内容を予想することで、差別化ポイントが見え、自分たちのプレゼンの内容もクリアになってくるのです。

また、**誰もが知っている有名ブランドの名前と、話し合っている内容を掛け合わせてみることで、発想の幅を広げることができます。**

たとえば、文房具の商品開発の打ち合わせの場で、「もしもアップルがボールペンをつくったら？」と考えてみる。あるいは、野球場のサービスを考えている打ち合わせの場で、「もしもディズニーが野球場の運営をしたら？」と考えてみるのです。

他にも、「著名人」や「自分の知っている人」なら、どのようなソリューションをつくっていくかを考えると、視点が変わって、ブレイクスルーのきっかけになることがあります。

たとえば、新しい事業を考える際、「創業者の○○さんが今生きていたら、どうするか？」や、「シリコンバレーで有名なベンチャー企業家が、この分野で起業するならどうするか？」といった質問も、視点を変えるうえで重要です。

打ち合わせが行き詰まったのは、アイデアが枯渇したからではありません。

アイデアは「すでにある何かと何かの掛け合わせ」なので、掛け合わせるものを変えれば無限に生まれるはずです。

つまり、打ち合わせが行き詰まる原因は、掛け合わせる視点や発想が凝り固まっていることである場合が多いのです。

とはいえ、自分の頭では持てる視点に限界があります。

そんなときは、どんどん他人の頭を使わせてもらって、さらにアイデアを広げていきましょう。

【聞き方のコツ⑦】

「逆に言うと……」で視点を180度変えてみる

他人の意見やアイデアに乗り、引き継ぎ、つなぎ、自分の意見をプラスすることで、話題を展開させることができます。

しかし、つなぐことだけを考えていると、思考が堂々巡りして、議論が先に進まなくなることもあります。

そこで、次のような質問を投げかけることで視点をズラしてみましょう。

「弱みを強みとして考えると?」

「これまでとまったく逆の戦略をとると、どうなる?」

このような「逆に言うと……」という質問をすることで、視点を強制的に逆転させることができます。

同じ物事でも、視点を逆にして見立て直してみると、別の意味や価値に気づくことがあります。

業界や会社の「通常」「普通」「標準」を疑い、「反転」「逆転」してアイデアを拡散させて、発想の糸口を広げやすくします。

視点を逆にして、これまで「弱み」だと思っていたことを「強み」として考えられないかトライしてみましょう。固定観念でマイナスだと考えていたことが、思わぬプラス要素に変わるかもしれません。

具体的な会話例を3つ見てみましょう。

【打ち合わせのテーマ】家庭用プロジェクターのマーケティングについて

社員A　プロジェクターはテレビと違って部屋を暗くしないと見えにくいのが弱み

だね

社員B　**だけど、逆に考えてみると**部屋を暗くすることで映画館にいるような雰囲気になって、臨場感のある映像を楽しむことができるのではないかな？

社員C　定額の動画配信サービスの会員が増えているので、映画やドラマをよく見る若者は多いよね

社員A　だったら、画質や機能よりも、ホームシアターでしかつくれない「雰囲気」を訴求ポイントにしたマーケティングを展開してみよう

【打ち合わせのテーマ】青汁のマーケティングについて

社員A　青汁は、青臭くて苦みがあるのが弱みだよね

社員B　**しかし、逆に考えてみると、**その飲みにくさが「カラダにいいものを取り入れた」というイメージにつながるんじゃないかな。「良薬口に苦し」という言葉もあるし

社員A　いっそのこと、「おいしくないからこそカラダにいい」という、開き直った広告はどうだろう？

そのブランドや商品が「常套」としていたやり方をいったん疑ってみましょう。それまでとはまったく逆のやり方をした場合、そのブランドや商品がどうなるのかを話し合うことで、新しい戦略のヒントが見つかります。

【打ち合わせのテーマ】スポーツドリンク

社員A　**スポーツドリンクは夏の飲み物だと思われているけど、冬に売れる商品にできないかな？**

社員B　そういえば、厚着をしているから、通勤電車の中ですごく汗をかくんですよね

社員C　会社の暖房が効きすぎていて、肌がすごく乾燥するんです

社員D　冬は、カラダが温まる飲み物がほしいですよね
社員A　だとしたら、「冬の朝こそ水分補給が必要」というメッセージで、ホットスポーツドリンクの開発ができるかもしれないね

「常識を疑え！」という言葉をまくしたてるリーダーは少なくありません。

しかし、最初から常識を疑い続けるような思考を繰り返すと、かえって迷走しやすくなります。

常識を疑うにしても、何が常識なのかがわからないと、疑いようがありません。

そのため、「逆にして考える」は、前述の通り、あくまで思考が堂々巡りしてきたときに使うようにしましょう。

【聞き方のコツ⑧】

「ということは……」のたたみかけで「隠された本質」に迫る

物事の本質を捉えるには、表面上に見えていることだけでなく、水面下に隠れている部分を掘り下げることが大切です。

しかし、直接的に「そのアイデアの本質は何？」と質問したとしても、普通の人はなかなかうまく答えることができません。

そこで、答えているうちに自然と掘り下げられるような、発想を導く質問を投げかけてみましょう。

連想ゲームのように、「○○ということは××であるとも言える。ということは、△△とも言える。ということは……」と、**言い換えの連鎖を重ねることで、「隠**

れた意味」を探り当て、新しいアイデアにたどり着くことができます。

誕生日についてであれば、次のような会話になります。

社員A　誕生日は、自分がこの世に生まれたことを記念する日だよね
社員B　**ということは、**母親のお腹から無事に生まれたことを祝う日だとも言えるよね
社員C　**ということは、**母親が無事に産んでくれたことに感謝する日だとも言えるよね
社員D　**ということは、**誕生日は「自分が生まれた記念日」だけでなく、母親に感謝する、いわば「第2の母の日」とも言えるよね

この質問に、正解はありません。「大喜利」のように人の発言に乗っかりながら、「うまいこと言った人が勝ち」のような雰囲気で楽しく会話を紡いでいく中で、新しい視点を発見しましょう。

第5章

短時間でアイデアを量産できる「ひとりブレスト法」

アイデアは質より量を求める

博報堂では、打ち合わせに参加する人は「手ぶら禁止」がルールです。事前に考え尽くしたメンバーが集まるからこそ、会話の密度が高まります。

もしも「今日の打ち合わせのテーマは何だっけ?」というメンバーばかりなら、情報の共有に時間をとられるだけでなく、出てくるアイデアも、浅く偏ったものばかりになってしまいます。

会話を通して考え抜かれたアイデアとアイデアを掛け合わせることで、新しい価値を持ったアイデアを生み出すことができるのです。

博報堂では、アイデアに関しては「質より量」という共通理解があります。

そのため、とにかく数を出すことが大切だと考えています。

ただ、通常の業務もありますので、何日間も一日中アイデア出しばかりしているわけにもいきません。

時間が限られている中、アイデアを量産するにはどうすればいいか？

そこで、本章では、最後に代表的な「ひとりブレスト」をご紹介したいと思います。

【ひとりブレスト法①】

「通勤路の風景」からアイデアを生み出すカラーバス

カラーバス（Color Bath）とは、直訳すると「カラー（色）」と「バス（入浴）」なので、「色を浴びる」という意味になります。

「ある特定の色を意識すると、その色への注目が高まる」という心理的な効果のことです。

この心理的効果をフィールドワークに応用すると、「新しいアイデア」のヒントを見つけることに活用できます。

たとえば、「今日は『赤』を探す」と決めて外に出ます。

すると、赤信号、郵便ポスト、八百屋さんの店頭に並んだトマト、赤いクルマ、女性の口紅など、「赤色のもの」が目に飛び込んできます。

その「赤色のもの」と抱えているテーマとを掛け合わせて、アイデアが生まれないかを考えてみるのです。


仮に、チョコレートの新商品のアイデアを考えているとします。

「今日は『赤』を探す」と決めて外に出てみると、郵便ポストが目に入ってきました。

最近では手紙を書くこともすっかり少なくなりましたが、旅好きな母が送ってくる絵ハガキは旅先からのプレゼントのようで嬉しくなります。

ここで、強引に発想を結び付けて、アイデアを考えます。

「チョコレートもプレゼントにできないだろうか？」と考えると、両親や恋人など大事な人へ、メッセージ付きで送ることができるプレゼントタイプのチョコレートのアイデアが思い浮かぶかもしれません。

カラーバスの発想法は、「色」にとどまらず「四角いもの」「丸いもの」などの「形」、「高いところ」「低いところ」などの「位置」、街中にある「数字」など、様々なテーマで応用が可能です。

いつもの通勤路をブレストの素材に変える、効率的にアイデアを量産する方法です。

【ひとりブレスト法②】

10案中2案は「突拍子もないアイデア」を出す20％ルール

Ｇｏｏｇｌｅのイノベーションの源泉のひとつが、「20％ルール」です。

このルールは、「勤務時間中の『20％』を、自分が担当している業務以外の分野（自分が取り組んでみたいプロジェクト）に費やしていい」というものです。

「Ｇｏｏｇｌｅ」では、「ＡｄＷｏｒｄｓ」「Ｇｍａｉｌ」など、「20％ルール」から生まれたプロジェクトが多くの成功をおさめています。

この「20％ルール」をアイデア出しに応用すると、思考の幅が広がりやすくなります。

たとえば、アイデアを10案用意するとしたら、２案は「突拍子もないアイデア」

「大穴狙いのアイデア」にすると、その2案をきっかけにしてアイデアの幅が広がっていきます。

特に、リーダーが率先してこのようなアイデアを出すことで「ここまでアイデアの幅を広げていいんだ」という雰囲気をつくることにもつながります。

仮に、「タコスチェーン店にもっと人が来る方法」を考えていたとします。

新鮮な野菜を使って、とても健康的で美味しいタコスチェーン店がありました。本格的な味でとても美味しいのに、ハンバーガーチェーン店のようになかなかメジャーになりません。

アイデアを複数考える中で、「1日に必要な野菜が食べられることをアピールする」「オシャレな屋台を使って街中に繰り出す」などの王道のアイデアの他に、「まさか」と思われるようなアイデアを忍ばせます。

たとえば、「タコスを全国の小学校で給食メニューとして出す」「サザエさんの食卓にタコスを登場させる」などのアイデアです。

もちろん、簡単には実現しません。

しかし、「そういえば、うちの子どもの給食メニューにも『手作りハンバーガー』って書いてあったな」「子どものときからタコスというメニューを知ることが大事だよな」など、打ち合わせの会話が良い方向に広がるかもしれません。

【ひとりブレスト法③】

客観的な視点で自分のアイデアを点検できる9×3（ナイン・スリー）

「9×3」（ナイン・スリー）は、ひとりでアイデア出しを複数回重ねたうえで、客観的にアイデアを選び抜く方法です。

具体的な進め方を紹介します。

（ステップ①） まずは、アイデアをふせんに書き出します。1枚1アイデアで、最低9枚のふせんにアイデアを書き、それらを壁に貼ります。

（ステップ②） 貼り出したアイデアを客観的に見たうえで、9枚の中でベストだと思えるアイデアを1枚から2枚選びます。

（ステップ③）アイデア出し2ラウンド目に入ります。先ほど出したアイデアはいったん忘れて、新たなアイデアを考え、また9枚のふせんに書き出します。そして、1ラウンド目と同様に貼り出したうえで、再びベストアイデアを選びます。

（ステップ④）3ラウンド目も同様に進めます。最終ラウンドが終わったら、それぞれのラウンドを勝ち抜いたベストアイデアだけを取り出して、打ち合わせに持っていきます。

このブレスト法には2つのポイントがあります。

1つ目は、壁に貼って眺めることです。

自分で考えたアイデアには主観がたっぷり入っているので、どれが本当におもしろいアイデアなのかわからなくなるときがあります。

「絶対おもしろい！」と思ったアイデアも、「後から見返したらそうでもなかった……」ということがよくあります。

9×3（ナイン・スリー）の4つのステップ

ステップ①

1枚につき1アイデアで、
最低9枚のふせんにアイデアを書く。

ステップ②

9枚のふせんを壁に貼る。

ステップ③

貼り出したアイデアを客観的に見たうえで、
9枚の中でベストだと思える
アイデアを1～2枚選ぶ。（1ラウンド目）

A案	B案	C案
D案	E案	F案
G案	H案	I案

▼

ステップ④

先ほど出したアイデアはいったん忘れて、
新たなアイデアを考えて、
ステップ①～③をもう一度行う。（2ラウンド目）

J案	K案	L案
M案	N案	O案
P案	Q案	R案

▼

ステップ⑤

ステップ④までで出したアイデアを
すべて忘れて、もう一度ステップ①～③を行う。
（3ラウンド目）。

S案	T案	U案
V案	W案	X案
Y案	Z案	β案

▼

**9×3（ナイン・スリー）を行うことで、
客観的な視点を持ちながら、アイデアを量産することができる。**

そんなときは、物理的にアイデアから離れて俯瞰することが効果的です。

２つ目は、３ラウンドのそれぞれにインターバル（休憩時間）をとることです。場所を変えたり、散歩をしてみたり、アイデアからいったん離れる時間を持ちましょう。

中には、「サウナに行くと、頭がリセットされる」というクリエイティブ部門の社員もいました。

出し続けるだけが、発想ではありません。

自分なりの「リセット方法」も併せて持っておくことで、アイデアをより効率的に量産することができるようになるのです。

【ひとりブレスト法④】

マスを埋めていくことでアイデアを生み出すマンダラート

マンダラートは、デザイナーの今泉浩晃氏が考案した発想法です。9つのマスを用意し（3マス×3マス）、そのマスを埋めていくことで、アイデアを整理したり、思考を深めたりできる方法です。

この方法を使うと、アイデアの量を増やしたり、アイデアをブラッシュアップしたりすることができます。

ここでは、「鍋つゆの新商品を開発する」というテーマでマンダラートを使ってアイデアを出してみましょう。

マスを埋めてアイデアを生み出す マンダラート

鍋つゆの新商品のアイデアを出したい

ステップ①

9つ(3×3)のマスを用意し、
発想を広げたいテーマ(鍋)を
中央のマスに書き込む

	鍋	

ステップ②

残りの8マスにテーマに
関連するキーワードを
思いつくままに書いていく

忘年会	相撲部屋	家族
郷土料理	鍋	温まる
時短	日本酒	健康的

ステップ③

ステップ2で書いた8つのキーワードから、
面白いものを新たなマンダラートの中央に書き、
ステップ2の作業を繰り返す。テーマ(鍋)と、
新しいキーワードを結びつけてみる

残り物の具材	手抜きレシピ	スティック
圧力鍋	時短	キューブ
働くママ	残業	レンジ

▼

「働くママが時短のために使う、スティック状の鍋つゆ」

というアイデア案が導き出せた！

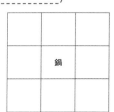

①発想を広げたいテーマを中央のマスに書く
②周りの8マスにテーマに関連するキーワードを自由に書いていく。マス目がすべて埋まるまで、アイデアを絞り出す
③アイデアが出たら、9マスの中でおもしろいものをマンダラートの中央に置いて、同じ作業をする

最近は「キムチ鍋のもと」など、様々な鍋つゆ商品が増えています。新しい商品を考えるときに、ついつい味の違いばかりに目がいきがちです。

まず、真ん中に「鍋」と書きます。

その周りには、鍋から連想される言葉を並べます。できれば、先ほどの「20%ルール」のように、2つ程度はやや離れた言葉を置いてみましょう。すると、「家族」「温まる」「健康的」などの言葉に加えて、「時短」といったキーワードが思いつきました。

今度は、「時短」というキーワードを中心に置いて新しいマンダラートをつくり

ます。

「スティック」「キューブ」「レンジ」「残業」「働くママ」などのキーワードが生まれます。

さらに、元々の出発点であった鍋と、新しいキーワードを無理やり結びつけます。「働くママが時短のために使う、スティック状の鍋つゆ」といったアイデアが生まれます。

マンダラートを活用すると、原理的には、８×８＝64個のアイデアが生まれるはずです。

【ひとりブレスト法⑤】

店頭に並ぶ書籍の表紙からアイデアを出す書店発想法

アイデアは、何かと何かの「掛け合わせ」で生まれます。

掛け合わせの素材集めに最適な場所。それが書店です。

書店は、今の世の中で話題になっているテーマに関する書籍が見やすく陳列されています。そして、定期的に更新されています。

ブレストの方法は、極めてシンプルです。

自分が抱えているテーマと、書店で目に飛び込んできた文字を掛け合わせて新しいアイデアを考えていきます。何か思いついたら、スマホのメモアプリなどに入力していきます。

ビジネスのアイデアを考えているからとはいえ、必ずしもビジネス書のコーナーだけが情報源とは限りません。むしろ、時代の流れを読み解くキーワードは新書コーナーや雑誌コーナーから感じ取ることができます。

また、料理本や写真集などのビジュアルが多い本から、右脳に刺激を与えるのも効果的です。

たとえば、「３種類のスパイスだけでつくるカレー」という料理本と、「朝活のススメ」という新書のタイトルから発想して、「３つのアプリだけでできる朝の英語学習法」というアイデアが生まれるかもしれません。

「死ぬまでに行きたい絶景ガイド」と「お墓の大問題」から、「家族がつい行きたくなるお墓参り」の発想が生まれるかもしれません。

電子書籍の画面は、今のところはこのような発想法に向いていません。偶然の出会いが多い書店ならではの効用といえるでしょう。街の書店を応援する意味でも、ぜひ見るだけでなく購入していただけると嬉しいです。

【ひとりブレスト法⑥】

身近な人の意見から気づきを得る「普通の人」ヒアリング

「うちの母親（父親）が……」

「うちの夫（妻）が……」

博報堂の打ち合わせでは、このような発言が頻繁に飛び出します。

その理由は、誰もが「普通の人」の意見を無視できないからです。

もちろん、仕事には機密事項も含まれますので、情報の扱いには十分注意しています。

具体的な商品名や企業名を出さずに、商品カテゴリーの最近のイメージや、日頃の使い方、何が好きかを聞いておくことも、打ち合わせに臨む際の大事な準備のひとつです。

特に現代は、ＳＮＳで様々な人の情報を知ることができます。口コミサイトを見れば、商品に対する評判も溢れるほど書き込まれています。

一方で、中にはウソの情報がまぎれている可能性もあり、どれが本音なのか、判断するのは簡単ではありません。

そんなときこそ大切なのが、顔を見て話せる相手の言葉です。

特に、家族や身近な人であれば、その人の意見や反応の真偽、どのような価値観から生まれたものかがある程度把握できます。

数が多くなかったとしても、このような情報は博報堂の打ち合わせではとても喜ばれるネタのひとつです。

【ひとりブレスト法⑦】

「なぜ、〇〇なんだろう?」と繰り返し問う「なぜ」の100本ノック

アイデアをたくさん準備することが難しい場合、「なぜ?」をたくさん準備することで打ち合わせに貢献することができます。

ある女性のプロデューサーが学生時代に、友人とイタリアンレストランに入ったときのエピソードです。

美味しいお店にもかかわらず、あまりお客さんは入っていない様子。一緒にいった友人たちが気にせずに料理を選び始める中で、彼女だけはその理由を考えたそうです。

なぜ、照明はこんなに暗いのだろうか？
なぜ、看板が見えにくい位置にあるのだろうか？
数えてみたら、１分間に21個の「なぜ」が思いついたそうです。
人気がないお店を本当に人気店にするのは簡単ではありません。
しかし、人気がないお店を自分の目で見て、「なぜ○○なんだろう？」と考えることは難しくありません。

打ち合わせのテーマに対して、素朴に「なぜ○○なんだろう？」と考えることも、大事な準備のひとつです。

１００個を目標に「なぜ」をリストアップしていくと、50個ぐらいでだんだんきつくなってきます。

１００個にたどり着くためには、いつもとは違う視点で考えたり、人に聞いてみたりしなくてはなりません。

そうやって、商品やテーマに対して様々な角度で考える時間そのものが、打ち合わせに臨むうえでとても大事なのです。

100個の「なぜ」を書き出した後は、自分なりにその答えを調べたり考えたりしていきます。

すぐに答えがわかるものもあれば、調べてもわからないものもあります。

インターネットで調べてもわからない「なぜ」は、じつは重要な「問い」かもしれません。

そのような重要な「問い」を打ち合わせの場に持っていくと、発想の刺激になることがあるのです。

【ひとりブレスト法⑧】

ハマるまで体験してみる

部署異動で新たなチームに加わったり、すでに始まっているプロジェクトに途中から参加したりするときなど、これまであまり関わりがなかった打ち合わせに初参加するときは大きなチャンスです。

なぜなら、それまでの議論を踏まえていない、多少〝とんだ〟発言も許されるからです。

博報堂のマーケターやクリエイターに聞くと、初めての打ち合わせの前に、商品を実際に買ってみたり、使ってみたりするところから始めると答える人が少なくありません。

著名なコピーライターの糸井重里さんは、自動車メーカーの担当になるたびに車を買い替えたそうです。

そこまではいかないまでも、ディーラーで試乗したり、レンタカーで実際に一日使ってみたりすることは難しくありません。

パチンコ企業のプロジェクトに参加することになったあるマーケターは、人生で初めてパチンコに行ったそうです。

初めてだったのでやり方もよくわからず、投入する1000円札もすぐに消えていきます。正直に言って、「なんでこんなつまらないものに、人はお金を払うんだろう？」と途中まで思っていました。

しかし、せっかくだからと粘っていたところ、ビギナーズラックなのか数千円投入したところで小さな当たりが出ました。

実際に玉がどんどん増えるのを見ると、なんだかアドレナリンが出てきて、「なるほど、ハマる理由がよくわかる」と思いました。

とはいえ、その後パチンコに通うまでには至らなかったのですが、勝つまで続けた経験がその後のプロジェクトでも生きたそうです。


長く関われば関わるほど、何も知らなかったときの体験は忘れてしまいがちです。

机にかじりついてアイデアを考えるだけでなく、実際に体験したときの発見や「なぜ？」を持っていくことで、停滞気味なプロジェクトを活性化できるかもしれません。

●●●

【ひとりブレスト法⑨】

絵で描く

最後におすすめしたいのが、アイデアを絵で描いてみる方法です。

たとえば、新商品開発のプロジェクトであれば、商品のパッケージや、お店に置かれた様子、家庭で使われているシーンなどを手描きの絵で実際に描いてみます。雑誌に取り上げられたときの誌面を勝手に描いてみるのもよいかもしれません。

白紙にサインペンでかまいません。

絵心がなくても大丈夫、手描きで自由に描いてみましょう。

絵が難しければ、イメージに近い画像を貼り付けるのも有効です。

画像検索サイトなどを使って、自分の頭の中にあるイメージともっとも近いものを見つけます。

そして、アイデアのタイトルビジュアルだけのシンプルな資料をたくさん準備して、紙芝居のように打ち合わせで披露しましょう。

視覚（ビジュアル）は、文章を読んだり話を聞いたりするより、何千倍もの情報量があるといわれています。

アイデアを打ち合わせの場で披露するときにも、参加者の心に残るようにするためには視覚を刺激するビジュアルを付け足したほうが効果的です。


また、絵にすることで、アイデアをブラッシュアップすることもできます。

たとえば、「日本を平和にする飲料」というアイデアは、聞こえは良いですが、絵にするのはとても難しそうです。

アイデアを絵にできないのであれば、まだそのアイデアが抽象的すぎるのかもしれません。自分自身の中でアイデアをより良いものにするうえでも、絵にしてみることが重要です。

おわりに

博報堂に新入社員として入社した当初、アイデアを出すのが苦手だった私は、打ち合わせのたびに胃が痛くなるほどのプレッシャーを感じていました。

しかし、そんな私がプラナーやコンサルタントとして成長できたのは、雑談のおかげでした。

新人のどうしようもないアイデアでも、先輩たちはその中に面白い部分を見つけて笑ってくれたり、意外な方向に話を広げたりしてくれました。不安な気持ちで始まった打ち合わせも、みんなで雑談を続けるうちに、気づけばキラリと光るアイデアが生まれていました。

今振り返れば、先輩たちは私を楽しませようとして雑談をしていたのではなく、より良い企画を生み出すための手段として雑談を活用していたのです。

良い企画とは、人の心を動かし、この世にまだ存在しないものを生み出すことです。新人に厳しい指摘をするよりも、雑談を通じてアイデアを広げるほうが、何倍も、何十倍も早くそのゴールに近づくことができます。まさに、雑談は最高のアウトプットを生むためのコミュニケーション術なのです。

一方、コロナ禍を経てオンライン会議が増え、社内での雑談が減ってしまったのではないかという懸念もありました。

そのため、本書の執筆にあたり、現場で活躍するベテランから若手まで、複数のクリエイターやプラナーに雑談についてインタビューを行いました。

すると、私の懸念とは裏腹に、皆さんはオンラインでも工夫を凝らし、変わらず雑談を行っていることがわかりました。

さらに、多くの社員が口を揃えて「いい企画は雑談から生まれる」と述べており、改めて雑談が博報堂の強みであることを確信しました。

中には、ＡＩと雑談することでアイデアを生み出す新しいツールを開発しているクリエイターもいました。今後、テクノロジーが進化するにつれて、雑談の形は変わるかもしれません。しかし、博報堂が「人の心を動かす」ことを目指している限り、人と人との化学反応を大切にする姿勢は変わらないと信じています。

紙幅の関係ですべてを紹介することは叶いませんでしたが、本書の執筆にあたりお話を伺った方々に、心より感謝申し上げます。水島正幸さん、嶋本達嗣さん、嶋浩一郎さん、近山知史さん、小暮菜月さん、小島翔太さん、藤平達之さん、多田宜広さん、栗田昌平さん、穂浪勇也さん、峯岸孝之さん、豊田理佐さん、百合岡隆史さん、荒井自如さん、本当にありがとうございました。

これからも、より良いアイデアを生み出すための雑談が、ますます広がっていくことを願っています。

株式会社博報堂
岡田庄生

著者略歴

岡田庄生（おかだ・しょうお）

博報堂ブランドコンサルティング局
部長／博士（経営学）

1981年東京都生まれ。国際基督教大学卒業後、2004年株式会社博報堂入社。コーポレート・コミュニケーション局、ブランド・イノベーションデザイン局を経て、企業のブランド戦略・マーケティング戦略の立案を支援するブランドコンサルティング局に所属。

著書に『買わせる発想 相手の心を動かす3つの習慣』（講談社）、『博報堂のすごい打ち合わせ』（SBクリエイティブ）、『プロが教えるアイデア練習帳』（日経文庫：日本経済新聞出版社）、『ユーザー発案者効果』（碩学舎）など。

武蔵野大学客員教授。法政大学イノベーション・マネジメント研究センター客員研究員。日本マーケティング学会常任理事。

博報堂《はくほうどう》のすごい雑談《ざつだん》

2024年11月30日　初版第1刷発行

著　　者　岡田《おかだ》 庄生《しょうお》
発 行 者　出井貴完
発 行 所　SBクリエイティブ株式会社
〒105-0001　東京都港区虎ノ門2-2-1
装　　丁　伊藤まや（Isshiki）
本文デザイン・図版　外塚誠（Isshiki）
装丁イラスト　むらまつしおり
D T P　クニメディア株式会社
編集協力　藤吉豊（文道）
編集担当　鯨岡純一、飯銅彩
印刷・製本　三松堂株式会社

本書をお読みになったご意見・ご感想を
下記URL、または左記QRコードよりお寄せください。
https://isbn2.sbcr.jp/28383/

落丁本、乱丁本は小社営業部にてお取り替えいたします。定価はカバーに記載されております。本書の内容に関するご質問等は、小社学芸書籍編集部まで必ず書面にてご連絡いただきますようお願いいたします。

ISBN　978-4-8156-2838-3

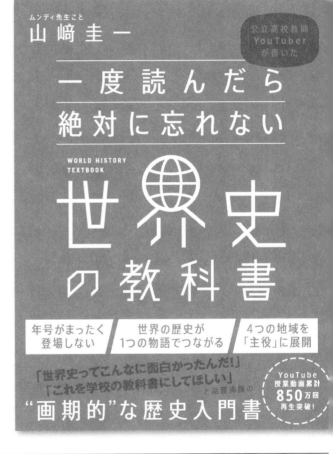